SV

Sonderdruck
edition suhrkamp

Die katastrophalen Folgen unseres Handelns für die Natur sind inzwischen bekannt. Doch die Emissionen steigen weiter. Gegen das Mantra vom wirtschaftlichen Wachstum wirken die Kassandrarufe junger Aktivistinnen und Aktivisten oft ohnmächtig. Und während sich im Namen von Freiheit und Gleichheit einst Massen mobilisieren ließen, führt der Klimaschutz zu neuen Spaltungen.

Für Bruno Latour und Nikolaj Schultz ist klar: So wie einst die Arbeiterklasse den sozialen Fortschritt erkämpfte, bedarf es heute einer ökologischen Klasse, um den Klimawandel aufzuhalten. Wo Bewegungen wie Fridays For Future und lokale Organisationen oft getrennt agieren, plädieren die Soziologen für eine Politik, die den Schutz unserer Lebensgrundlagen ins Zentrum gemeinsamer Anstrengungen stellt. Die Geschichte der Menschen, hieß es bei Marx und Engels, sei die Geschichte von Klassenkämpfen. Kommt es nicht zur Entstehung einer ökologischen Klasse, so Latour und Schultz, wird die Menschheit keine Zukunft haben.

Bruno Latour, geboren 1947 in Beaune, war u. a. Professor am Institut d'études politiques de Paris. Für sein umfangreiches Werk hat er zahlreiche Preise und Ehrungen erhalten, darunter den Kyoto-Preis und den Siegfried Unseld Preis. Im Suhrkamp Verlag erschienen zuletzt *Das terrestrische Manifest* (2018) und *Wo bin ich? Lektionen aus dem Lockdown* (es 2771).

Nikolaj Schultz, geboren 1990 in Aarhus, ist Soziologe. Er forscht an der Universität Kopenhagen.

Zur Entstehung einer ökologischen Klasse

Ein Memorandum

Von Bruno Latour und Nikolaj Schultz

Aus dem Französischen von Bernd Schwibs

Suhrkamp

Die französische Originalausgabe erschien 2022
unter dem Titel *Mémo sur la nouvelle classe écologique*
bei Éditions La Découverte (Paris).

Klimaneutral
Druckprodukt
ClimatePartner.com/14438-2110-1001

Erste Auflage 2022
edition suhrkamp Sonderdruck
Deutsche Erstausgabe

Umschlag gestaltet nach einem Konzept
von Willy Fleckhaus: Rolf Staudt
Umschlagillustration: *Growing Stronger Together* von
Sarah Bloom für Creative Action Network
Satz: Satz-Offizin Hümmer GmbH, Waldbüttelbrunn
Druck: CPI books GmbH, Leck
Printed in Germany
ISBN 978-3-518-02979-4

www.suhrkamp.de

Memorandum:

A. Aufzeichnung, um sich leichter an etwas zu erinnern; qua Metonymie Heft, Merkbuch, in dem man festhält, woran man sich erinnern will.
B. Schriftliche Aufzeichnung eines diplomatischen Vertreters zu einem wichtigen Thema, mit der er der Regierung, bei der er akkreditiert ist, den Standpunkt seiner eigenen Regierung zu einer gegebenen Frage darlegt.

Inhalt

I. Klassenkämpfe und Klassifikationskämpfe

1 – Unter welchen Bedingungen könnte die Ökologie die Politik um sich herum organisieren, statt nur eine Bewegung unter anderen zu sein? Darf sie hoffen, den politischen Horizont so zu definieren, wie es einst der Liberalismus, dann die Sozialismen sowie der Neoliberalismus taten, und wie es seit Kurzem die illiberalen oder neofaschistischen Parteien tun, deren Aufstieg sich ungebremst fortsetzt? Kann sie von der Sozialgeschichte lernen, wie neue politische Bewegungen entstehen und wie diese den Kampf der Ideen gewinnen, noch bevor sie ihre Fortschritte in Parteistrukturen und Wahlergebnisse übersetzen können?

2 – Angesichts des Zusammenbruchs der »internationalen Ordnung«, des enormen Ausmaßes der laufenden Katastrophe und der allgemeinen Unzufriedenheit über das politische Angebot der traditionellen Parteien, die sich unter anderem in mannigfacher Wahlenthaltung niederschlägt, muss die Ökologie unbedingt in ihrem Zusammenhalt und ihrer Autonomie gestärkt werden. Das haben sich zwar bereits viele ökologische Bewegungen und sogar Parteien auf ihre Fahnen geschrieben. Doch noch sind sie weit davon entfernt, auf ihre Weise und *mit ihren eigenen Begriffen* die Fronten um sie herum zu bestimmen und so die Gesamtheit ihrer Verbündeten und Gegner in der politischen Landschaft auszumachen. Noch Jahrzehnte nach ihren Anfängen sind sie in den alten Gräben gefangen. Das schränkt die Suche nach Allianzen ein und beeinträchtigt ihren Handlungsspielraum. Will die politische Ökologie existieren, darf sie sich nicht durch andere definieren lassen. Sie muss aus sich heraus und für sich die neuen Quellen von Ungerechtigkeit aufdecken sowie die neuen Fronten ausmachen, an denen sie zu kämpfen hat.

3 – Weil sie getragen war von der Sorge um eine Natur, die von der Wissenschaft erkannt wurde und der sozialen Welt äußerlich war, hat sich die politische Ökologie zu lange auf eine *pädagogische* Version ihres Handelns verlassen: Da man weithin um die Katastrophensituation wusste, würde die Tat zwangsläufig folgen. Doch mittlerweile ist offenbar geworden, dass der Aufruf »Zum Schutz der Natur« weder die sozialen Konflikte beendet hat noch die Aufmerksamkeit von ihnen ablenkt. Im Gegenteil: Er befeuert diese noch. Von den Gelbwesten in Frankreich über die Proteste der indischen Bauern bis hin zu den indigenen Bewegungen in Nordamerika, die sich gegen das Fracking wehren, oder die Debatten um die Frage, welche Auswirkungen Elektroautos haben – der Befund ist eindeutig: Die Konflikte nehmen zu. Von der Natur zu sprechen heißt nicht, einen Friedensvertrag zu unterschreiben. Es heißt vielmehr anzuerkennen, dass eine Vielzahl von Auseinandersetzungen zu allen möglichen Themen des alltäglichen Daseins, auf allen Stufen und auf allen Kontinenten, besteht. Die Natur eint nicht, sie trennt.

4 – Erstaunlicherweise sind ökologische Anliegen – auf jeden Fall das Klima, die Energie und die Biodiversität – inzwischen allgegenwärtig. Dennoch hat die Vielzahl an Konflikten nicht, jedenfalls noch nicht, zu einer allgemeinen Mobilisierung geführt, wie es in früheren Zeiten durch die vom Liberalismus und vom Sozialismus in Gang gebrachten Veränderungen der Fall war. In diesem Sinne ist die Ökologie überall und nirgends. Aktuell ist es wohl gerade die enorme Vielfältigkeit der Konflikte, die den Versuch einer stimmigen Definition dieser Kämpfe verhindert. Nun ist diese Diversität jedoch kein Manko, sondern ein Trumpf. Und zwar deshalb, weil die Ökologie umfassend die Lebensbedingungen untersucht, die durch das obsessive Beharren auf der Produktion zerstört wurden. Will die ökologische Bewegung an Konsistenz und Autonomie gewinnen und soll sich dies in einem geschichtsträchtigen Elan gleich dem in der Vergangenheit niederschlagen, dann muss sie ihr Projekt erkennen, es fassen, begreifen und wirksam darstellen und diese Konflikte zu einer für alle verständlichen Aktionseinheit zusammenschweißen. Dafür muss man zunächst akzeptieren, dass die Ökologie Trennung impliziert. Anschließend gilt es, eine überzeugende Kartografie der von ihr erzeugten neuen Arten von Konflikten zu liefern. Und schließlich muss ein gemeinsamer Horizont des kollektiven Handelns bestimmt werden.

5 – Wenn es stimmt, dass die Ökologie sowohl überall als auch nirgends ist, dann trifft auch und nicht minder zu, dass es einerseits hinsichtlich aller möglichen Themen zu Konflikten kommen kann, während andererseits eine Art Gleichgültigkeit, ein Hang zur Aussöhnung, ein Abwarten und ein trügerischer Friede herrschen. Jede Veröffentlichung des Weltklimarats löst exaltierte Reaktionen aus, doch wie in der Oper versetzen die Kriegsgesänge »Marschieren wir, marschieren wir, bevor es zu spät ist!« die Chöre auch nur um wenige Meter. »Alles muss sich radikal ändern« – und nichts verändert sich. Wenn es also dringend geboten ist, anzuerkennen, dass ein allgemeiner Kriegszustand herrscht, so muss doch auch eingestanden werden, dass eindeutige Frontlinien zwischen Freunden und Feinden gegenwärtig nur schwer zu ziehen sind. Bei einer ganzen Menge von Themen sind wir selbst gespalten, sind wir zugleich Opfer und Komplizen. Während sich die Klassenkonflikte im vorherigen Jahrhundert, wenn auch nur grob, nachzeichnen ließen, die es zum Beispiel ermöglichten, Parteien mit erkennbaren Ideologien zu wählen, ist das heute, solange der ökologische Kriegszustand nicht geklärt ist, ungeheuer schwer. Und wie kann man von Klassenkonflikten sprechen, wenn noch nicht einmal die ökologische Klasse an sich klar definiert ist?

6 – Es ist stets ein wenig beängstigend, den Begriff der »Klasse« wieder zu verwenden. Deshalb muss man der Versuchung widerstehen, den Ausdruck »Klassenkampf« unverändert aufzugreifen, auch wenn man zugeben muss, dass er im vorherigen Jahrhundert insofern sehr große Dienste leistete, als er die Mobilisierungsbemühungen erleichterte und einte. Der Vorteil dieses Begriffs lag darin, dass er die Grenzen der Struktur der sozialen und der materiellen Welt festzulegen erlaubte, indem er politische Dynamiken in der Begrifflichkeit sozialer Konflikte, der Herausbildung von Erfahrungen und kollektiver Horizonte vorantrieb. Seine Rolle innerhalb der sich vollziehenden Geschichte war klar *deskriptiv* und *performativ*. Er beanspruchte, die soziale Realität zu beschreiben und damit den Menschen zu ermöglichen, sich in der Landschaft, die sie bewohnten, zu positionieren. Gleichzeitig war er nie zu trennen von einem Projekt der gesellschaftlichen Transformation. Von »Klasse« zu sprechen heißt also immer, Schlachtordnung einzunehmen. Und davon zu sprechen, eine »ökologische Klasse« entstehen zu lassen, bedeutet also unvermeidlich, zugleich eine neue *Beschreibung* und neue Handlungs*perspektiven* anzubieten. Die Klassifizierung der sich herausbildenden Klasse, die wir als die »ökologische« bezeichnen, ist zwangsläufig ein performativer Akt. Daraus erklärt sich die Zweckmäßigkeit der Wiederbenutzung dieses Terminus, auch wenn er eine Menge Konfusion mit sich führt.

7 – Den Begriff des »Klassenkampfs« wieder zu benutzen ist deshalb so problembehaftet, weil er aufgrund der ökologischen Frage ein *Klassifizierungskampf*, ein *Kampf um Klassifizierungen*, geworden ist. Darüber, woraus die Klasse besteht, deren Teil man ist, herrscht generell Uneinigkeit. Leute, die (in sozialer oder klassisch kultureller Hinsicht) derselben Klasse angehören, fühlen sich unter ihresgleichen als völlig Fremde, sobald ökologische Konflikte auftauchen. Umgekehrt werden Aktivistinnen und Aktivisten von Leuten als »Kampfgefährten« tituliert, die unter sozialem oder kulturellem Gesichtspunkt ganz anderen Lebenskreisen angehören. Das erklärt die Orientierungslosigkeit, aus der sich ein Großteil der gegenwärtig zu beobachtenden Brutalisierung des öffentlichen Lebens herleitet: Im Hinblick auf ökologische Themen sind die Fronten zwischen Verbündeten und Gegnern nicht klar gezogen – was einen durchaus in Rage versetzen kann. Um eine ökologische Klasse entstehen zu lassen, muss also dieser *Kampf um Klassifizierungen* akzeptiert und müssen Unterscheidungskriterien gefunden werden, die manchmal quer durch die traditionellen Klassenkonflikte verlaufen, und manchmal im Gegenteil sich sogar mit diesen überschneiden. Trotz des Schattens, den die Tradition der »Klassenkämpfe« mit sich herumschleppt, darf die politische Ökologie sich diese Unsicherheit hinsichtlich der Klassenzugehörigkeiten nicht ersparen. Sie muss sich ständig diese Frage stellen: »Wenn sich Auseinandersetzungen um die Ökologie drehen, wem fühlst du dich nahe und wem erschreckend fern?« Die Entstehung eines möglichen »Klassenbewusstseins« ist nur um diesen Preis zu haben.

II. Eine wunderbare Erweiterung des Materialismus

8 – Will sie an Autonomie gewinnen, muss die Ökologie bereit sein, dem Klassenbegriff eine neue Bedeutung zu verleihen. Im Augenblick allerdings fürchtet die ökologische Klasse immer noch, nicht zu wissen, wie sie sich gegenüber den Kämpfen der letzten zwei Jahrhunderte positionieren soll. So kann man sie leicht einschüchtern, indem man sie beschuldigt, nicht »links« genug zu sein. Solange dieser Punkt nicht geklärt ist, wird sie nicht wissen, wie sie ihre Kämpfe autonom und für sich definieren soll. Dabei besteht durchaus eine historische Kontinuität mit den gesellschaftlichen Kämpfen gegen die Ökonomisierung sämtlicher Beziehungen. Da sie den Produktionsbegriff in Frage stellt, verstärkt die ökologische Klasse die allgemeine Ablehnung einer Verselbständigung der Wirtschaft *auf Kosten* der Gesellschaften sogar noch erheblich. In diesem Sinne ist sie ganz ohne Zweifel links, und zwar *eindeutig*.

9 – Allerdings ist die Situation eine andere, wenn es darum geht, sich an der Tradition der »Klassenkämpfe« auszurichten. Schließlich sind diese nach wie vor zutiefst an den Begriff und das Ideal der Produktion gebunden. Auch wenn es immer verführerisch ist, eine neue Situation in einen anerkannten Rahmen einzufügen, gebietet es die Vorsicht, nicht übereilt geltend zu machen, dass die ökologische Klasse einfach nur die »antikapitalistischen Kämpfe« fortführt. Die Ökologie hat recht, wenn sie sich ihre Werte nicht durch etwas diktieren lässt, das zum großen Teil gleichsam ein bedingter Reflex geworden ist. Es ist daher wichtig, diesen Streit auszutragen und zu begreifen, warum in diesem Punkt nicht zwangsläufig Kontinuität herrscht. Das ist der Keim an Wahrheit, der im Klischee »weder rechts noch links« steckt, und das hat nichts zu tun mit einer angeblichen »Überwindung« der sozialistischen Ideale.

10 – Zahlreiche analytische Köpfe haben zwar den Klassenbegriff entsprechend den Formveränderungen des Gesellschaftsgefüges im 20. Jahrhundert überarbeitet, aber Marx bleibt doch für jeden, der sich auf dieses Gelände wagt, eine leitende Figur. Die »Klassentheorie« bot den Menschen für eine ganz bestimmte historische Periode einen Kompass, an dem sie klar ablesen konnten, was ihre Subsistenz ermöglichte, wo ihr Ort in der sozialen Landschaft war und gegen wen sie kämpften. In der modernen Bedeutung der Begriffe wurden »Klasse«, »Klasseninteresse« und »Klassenkampf«, nicht zu vergessen das höchst umstrittene »Klassenbewusstsein«, verwendet, um zu beschreiben, wie unterschiedliche Personen ihre Subsistenzbedingungen mit anderen teilten oder aber nicht; wie soziale Gruppen innerhalb einer geschichteten materiellen und sozialen Landschaft unterschiedliche Positionen innehatten; wie schließlich die antagonistischen Beziehungen zwischen den Interessen dieser Gruppen diese unausweichlich in konflikthafte soziale und politische Auseinandersetzungen trieben. Deshalb war der Einfluss der Sozialismen auf die Soziologie und die politische Kultur so groß. Wie der Liberalismus verlieh der Marxismus der Geschichte einen Sinn. Will die ökologische Klasse existieren, muss sie es *mindestens genauso gut* machen und insbesondere ebenfalls den Sinn der Geschichte definieren – allerdings den *ihrer* Geschichte!

11 – Der Beitrag der marxistischen Definition von Klasse liegt im Verständnis der *materiellen* Bedingungen; die sozialen Bedingungen sind nur deren Ausdruck. Brauchbar war der Marx'sche Kompass, weil er auf einer verhältnismäßig klaren Beschreibung der zum kontinuierlichen Fortbestand der Gesellschaft notwendigen Prozesse beruhte. Ausgangspunkt ist die *Beschreibung* der Mechanismen, durch die Gesellschaften sich reproduzieren; danach wird *klassifiziert*, wie die Akteure in diesem Reproduktionsprozess auf antagonistische Weise verortet sind. In diesem Sinne kann die auf Klassen bezogene Analyse als eine *materialistische* bezeichnet werden. Will die ökologische Klasse diese Tradition als Erbschaft übernehmen, muss sie also diese marxistische

Lektion akzeptieren und sich *ebenfalls* im Verhältnis zu den *materiellen Bedingungen* ihrer Existenz definieren. Der neue Klassenkampf muss auf einem nicht minder materialistischen Ansatz wie der alte beruhen. In diesem wesentlichen Punkt herrscht durchaus Kontinuität.

12 – *Nur handelt es sich nicht mehr um dieselbe Materialität!* Daraus erwächst die relative Diskontinuität zwischen den sozialistischen Traditionen und dem, was heute zum Entstehen gebracht werden muss. So wie es einen Konflikt hinsichtlich der Klassifizierungen gibt, so auch einen Konflikt darüber, worin eine materialistische Analyse der Existenzbedingungen besteht. Für Marx war das Überleben und die Reproduktion der Menschheit erstes Prinzip aller Gesellschaften und ihrer Geschichte. Dementsprechend bestand der erste Schritt jeder Analyse menschlicher Gesellschaften und der sozialen Geschichte notwendig in der Klärung sowohl der materiellen Voraussetzungen – was die Menschen aßen, das Wasser, das sie tranken, die Kleidung, die sie trugen, die Behausungen, in denen sie lebten, usw. –, die es den Gesellschaften und menschlichen Kollektiven ermöglichten zu überleben, als auch der Prozesse, denen sie ihre Entstehung verdanken. Die Produktion dieser materiellen Reproduktionsbedingungen galt Marx als Fundament der sozialen Geschichte. Allerdings ging es vorrangig um die Reproduktion der *Menschenwesen.* Wir befinden uns heute in einer ganz anderen historischen Konstellation. Unsere Geschichte ist eine ganz andere. Unser Horizont wird nicht mehr ausschließlich durch die Produktion bestimmt. Und vor allem: Wir sind nicht mehr mit derselben *Materie* konfrontiert.

13 – Was geschieht, wenn die Definition der materiellen Existenz selbst sich verändert? Da er ein Denken nahezu ausschließlich in Begriffen von »Produktion« und »Reproduktion« voraussetzt, ist der sozialistische Kompass außerstande zu erklären, wie sich heute die Form der Klassenlandschaft verwandelt. Wie bei der Entstehung der mechanischen Zivilisation zwingt uns das Neue Klimaregime, die Prozesse *neu zu beschreiben*, kraft deren sich die Gesellschaften reproduzieren und weiterbestehen. Einmal mehr: »Alles Ständische und Stehende verdampft …« Wie das 19. Jahrhundert wohnen auch wir heute einer gewaltigen Transformation der materiellen Basis der Gesellschaften bei. Das zwingt uns dazu, uns nicht mehr allein bei den alten Beschreibungen aufzuhalten, um die Fragen zu beantworten, wie die Kollektive weiterleben, wie ihre Subsistenzmittel sich langfristig erhalten können und wie ihre Geschichte geschrieben werden soll. Die Analyse in Begriffen der ökologischen Klasse bleibt materialistisch, aber sie muss sich anderen Phänomenen als der alleinigen Produktion und der alleinigen Reproduktion ausschließlich der Menschen zuwenden.

14 – Unmittelbar nach dem Zweiten Weltkrieg haben sich diese Produktionssysteme derart stark beschleunigt, dass dadurch das Erd- und das Klimasystem destabilisiert wurden. Das ist in Begriffen wie »Anthropozän« oder »Große Beschleunigung« recht treffend zusammengefasst. Momentan werden wir Zeugen davon, wie die klimatischen Veränderungen auf dramatische Weise die Kräfte intensivieren und verwandeln, die die Kontinuität und das Überleben der Gesellschaften sicherstellen. Das Produktionssystem ist zu einem Synonym für »Zerstörungssystem« geworden. Was könnte eine marxistische Analyse bedeuten, die sich auch auf die Reproduktion der Nichtmenschlichen konzentrierte? Heute Materialist zu sein heißt, zusätzlich zur Reproduktion der für die Menschen günstigen materiellen Bedingungen auch die Voraussetzungen zur Bewohnbarkeit der Erde zu berücksichtigen. Diese zwingen dazu, nicht allein das in Erwägung zu ziehen, was die *politische Ökonomie* der traditionellen Parteien unter dem Namen »Ressource« zu vereinfachen suchte, sondern eine neue materielle Realität des Planeten. Die Ökonomie richtete ihre Aufmerksamkeit auf den Einsatz von Ressourcen zum Zwecke der *Produktion*. Aber existiert eine Ökonomie, die in der Lage ist, sich *zurückzuwenden* in Richtung des Erhalts der Bewohnbarkeitsbedingungen der terrestrischen Welt? Mit anderen Worten, die imstande ist, jener ausschließlichen Aufmerksamkeit für die Produktion *den Rücken zu kehren* und sie neu auszurichten an der Suche nach den Bewohnbarkeitsbedingungen? Vor dieser Herausforderung steht die neue ökologische Klasse. In diesem Punkt besteht verständlicherweise eine erhebliche Diskrepanz zum traditionellen »Klassenkampf«.

15 – Dieser Dissens hinsichtlich der materialistischen Klassenanalyse macht letztlich verstehbar, inwieweit die Analyse in Begriffen der ökologischen Klasse die traditionellen Kämpfe der Linken *fortführt* und *erneuert* – freilich auf ihre Weise. Es geht in der Tat darum, sich von der ausschließlichen Konzentration auf die Produktion abzuwenden, um so den *Widerstand der Gesellschaft* (um ein Motiv von Karl Polanyi aufzugreifen) gegen die Ökonomisierung auszuweiten. Bestimmte Kämpfe im 20. Jahrhundert waren natürlich von der marxistischen Tradition inspiriert, doch viele andere wurden schlicht im Namen der Absage an eine Expansion der Produktion geführt und gegen ihren ständig zur Schau getragenen unerträglichen Anspruch, sich vom Rest des gesellschaftlichen Lebens abzukapseln. Wie es der Ökonom Lucas Chancel formuliert: »Die Abschaffung der Sklaverei, die Sozialversicherung, das allgemeine Wahlrecht, die kostenlose Schulbildung, das sind im eigentlichen Sinn keine Fragen der Organisation der materiellen Produktion.« Das waren die vitalen Äußerungen der Unmöglichkeit für eine menschliche Gesellschaft, sich durch die Ökonomisierung allein definieren zu lassen. Folglich ermöglicht die Kritik bestimmter Grenzen des marxistisch inspirierten Materialismus auch, die vielfältigen Traditionen des Kampfs gegen die Ökonomisierung zu erneuern. Bis auf diese freilich entscheidende Nuance kann die ökologische Klasse mithin durchaus den Anspruch erheben, an die Geschichte der emanzipatorischen Linken, sie erweiternd, anzuknüpfen. Ein Zeichen, dass diese Wiederaufnahme bereits stattgefunden hat: Die Zahl getöteter Umweltaktivisten ist heute höher als die der Gewerkschaftler.

III. Die große Wende

16 – Fasst man die gegenwärtige Situation zusammen, kann man sagen, dass mittlerweile die ganze Welt verstanden hat, dass entschiedenes Handeln nötig wäre, um der Katastrophe Einhalt zu gebieten, es dafür aber an Mittlern, an Motivation, an Führung zum Handeln fehlt. Bis zum Überdruss ist von »Revolution«, von »radikaler Transformation«, von »Kollaps« die Rede, aber es ist nur zu sichtbar, dass nichts diese Ängste in ein mobilisierendes Aktionsprogramm, das den Herausforderungen entspräche, umsetzt. Insofern ähnelt dieser Aufruf zum Handeln beileibe nicht dem, den unsere Vorgänger aus Kriegszeiten oder den Zeiten des Wiederaufbaus, der Entwicklung und der Globalisierung kannten. Die Energien knüpften damals wirksam an die Ideale an; Einsicht in die jeweilige Lage genügte zur Mobilisierung. Heute scheint die Gewissheit der Katastrophe das Handeln eher zu *lähmen*. Jedenfalls werden die Vorstellungen von der Welt, die aufzubietenden Energien und die zu verteidigenden Werte nicht instinktiv *miteinander in Einklang* gebracht. Alle Instinkte sind vielmehr auf die identische »Wiederaufnahme« der überkommenen Auffassung von Produktion gerichtet. Aufgabe der ökologischen Klasse ist es, die Quelle dieser Lähmung zu diagnostizieren und die

Ängste, das kollektive Handeln, die Ideale und den Sinn der Geschichte neu miteinander in Einklang zu bringen.

17 – Man begreift, woher die Lähmung stammt, wenn man bemerkt, dass die *Richtung* des Handelns selbst sich umgekehrt hat. Vereinfachend lässt sich sagen, dass in den letzten zwei Jahrhunderten die Energien dann leicht zu mobilisieren waren, wenn es darum ging, die Produktion zu *erhöhen* und die dabei gewonnenen Reichtümer *etwas weniger ungerecht* zu verteilen. Zweifellos kam es zu zahllosen Konflikten zwischen den diversen Formen des Liberalismus und den vielfältigen sozialistischen Traditionen. Aber ihnen lag eine *vollständige Übereinstimmung* hinsichtlich einer Erhöhung der Produktion zugrunde. Uneinigkeit herrschte eher über die gerechte Verteilung der Erträge. Die Entwicklung war unbestreitbar historisch vorgegeben. Man konnte stets auf die Energien bauen, die mit der Losung entfacht wurden: »Vorwärts!« Aus der Sicht des alten Modells klingt die Losung heute dagegen eher wie: »Alles zurück!« Auf einmal erscheinen die Erhöhung der Produktion, der Begriff der Entwicklung selbst, der des Fortschritts als Wahnwitz, der abgestellt werden müsste. Die Verbindung von Produktion und *Zerstörung* der Bewohnbarkeitsbedingungen des Planeten zieht eine Krise der Fähigkeiten zur Mobilisierung nach sich. Wen wundert es da, dass die Warnungen der Expertinnen und Experten vor den enormen Bedrohungen so wenige praktische Folgen zeitigen. Die mentale, moralische, organisatorische, verwaltungsmäßige, rechtliche Ausstattung, so lange mit der Entwicklung assoziiert, büßt ihre Nützlichkeit ein, weil sie die Aufmerksamkeit auf das lenken sollte, was sich in eine Sackgasse verwandelt hat. Die Verfahrensweise hat sich sichtbar geändert, aber noch ist die neue Ausstattung nicht erarbeitet, die es ermöglichte, in Aktion zu treten. Was bleibt, sind Angst, Schuldgefühle und Ohnmacht. Es ist die Aufgabe der ökologischen Klasse, diese Ausstattung zu liefern.

18 – Die entscheidende Wende besteht darin, der Aufrechthaltung der Bewohnbarkeitsbedingungen des Planeten Priorität einzuräumen und nicht der Entwicklung der Produktion. In diesem Sinne geht es nicht nur um eine Beschränkung des »Produktivismus«, sondern darum, wie es der Anthropologe Dusan Kazik fordert, sich völlig vom Horizont der Produktion als Prinzip der Analyse der Beziehungen zwischen den Menschen und zwischen den Menschen und dem, von dem abzuhängen sie lernen, abzuwenden. Tatsächlich hatte die ausschließliche Konzentration auf die Produktion die unheilvolle Konsequenz, dass alles zu ihrer Entwicklung Erforderliche auf die bloße Rolle von Ressourcen reduziert wurde. Doch der in Jahrmillionen von Lebewesen erzeugte Planet umgibt, umhüllt, gestattet, ermächtigt, gewährleistet mehr als nur Ressourcen für menschliches Handeln. Wie es die Langzeitgeschichte der

Erde belegt, waren es die Lebewesen, die den kontinuierlichen Fortbestand der von ihnen in Milliarden von Jahren geschaffenen terrestrischen Existenz ermöglicht haben – einschließlich Klima, Atmosphäre, Boden und Ozeane. Das Produktionssystem ist nur ein Teil und nicht einmal der wichtigste dieser Gesamtheit. Es ist aus dem Zentrum an den Rand gerückt; dagegen nimmt die Peripherie den ganzen Platz ein. Tatsächlich ist das Produktionssystem eingebettet, eingehüllt in eine ganz andere Organisation, die die Aufmerksamkeit auf Praktiken richten lässt, die die für die Wahrung der Lebensbedingungen notwendige *Erzeugung* begünstigen – oder aber vernichten. Produzieren heißt zusammenstellen und kombinieren, nicht erzeugen, will heißen: mit Sorgfalt den Fortbestand der Wesen entstehen lassen, von denen die Bewohnbarkeit der Welt abhängt. Um diese Umkehrung zu fassen, wäre es sinnvoller, von *Einwicklung* zu sprechen, statt die sonderbare Metapher der Entwicklung im Mund zu führen: Alle auf die Produktion bezogenen Fragen sind umgeben von, eingepackt in Erzeugungspraktiken, von denen sie abhängen. Wir sind es gewohnt, Wachstum als einziges Mittel zu begreifen, um uns aus der Affäre zu ziehen, wobei wir vergessen, welche Zerstörungen es anrichtet. Dabei hing *Prosperität* indes immer schon von Erzeugungspraktiken ab. Es geht nicht um »weniger Wachstum«, sondern darum, endlich zu prosperieren. Und doch hat noch kein einziger bedingter Reflex, noch kein Instinkt, noch kein

Affekt diese Umkehr derart umgesetzt, dass sie zum neuen Sensus communis, zum neuen Gemeinsinn, geworden wäre.

19 – Da die Geschichte der Klassenkonflikte in den letzten beiden Jahrhunderten ausschließlich auf die Produktion und die Verteilung ihrer Erträge fokussiert war, blieb sie willentlich und systematisch blind für die *Grenzen* der materiellen Bedingungen des Planeten. Aus diesem Grund kann sich die ökologische Klasse nicht mehr allein anhand der Analyse der *Produktionsweise* definieren. Der Punkt, an dem sich die neue ökologische Klasse von allen anderen scheidet, besteht darin, dass sie die Stellung der Produktionsverhältnisse *vermindern* will, während die anderen sie *verstärken* wollen. Der reizvolle Euphemismus des »Übergangs« bezeichnet auf die denkbar schlechteste Weise, was im Grunde eine gewaltsame Umkehr ist. Diese Spannung bildet die Grundlage für den neuen Klassenkampf. Von zentraler Bedeutung sind nicht mehr wie einst allein die Klassenkonflikte *innerhalb* des Produktionssystems, sondern die *notwendig konflikthafte Beziehung* zwischen dem Erhalt der Bewohnbarkeitsbedingungen und dem Produktionssystem. Diese *sekundäre* Spannung macht den neuartigen Charakter der gegenwärtigen Lage aus. Die althergebrachten Klassen, die von Marx und die der Liberalen – die von einer ökonomisch geprägten Deutung der Geschichte abhängigen Klassen –, ordnen die Fragen der Bewohnbarkeit den Produktionsverhältnissen unter. Die im Entstehen begriffene ökologische Klasse *verfährt umgekehrt*. Im grellen Licht der modernen Ordnung offenbart sie die wirklichen Trennlinien. Unter dem Klassenkampf ein anderer Klassenkampf.

20 – Die ökologische Klasse, die um ihre mit der Produktion brechende Definition kämpft, ergänzt also die Produktionsverhältnisse durch die Erzeugungspraktiken, die schon immer das *Äußere* des menschlichen Handelns definierten, insofern sie schon immer die Produktionsverhältnisse umgaben und umschlossen und sie allererst ermöglichten. Dem Philosophen Pierre Charbonnier zufolge ist die ökologische Klasse dadurch bestimmt, dass sie die Welt, *in der man lebt*, und die Welt, *von der man lebt*, in ein und demselben Raum miteinander verbindet. Sie ergänzt mithin die Produktion durch den Rückgriff auf die Bewohnbarkeitsbedingungen, in denen der Produktionswille immer schon eingebettet war. Zwar war die Definition der *sozialen* Klassen in Wirklichkeit immer schon abhängig von der Schlüsselfrage der Reproduktion (sogar bei Marx), doch hat das Gewicht der Ökonomisierung die marxistischen wie die liberalen Traditionen dazu gedrängt, deren Bedeutung zu leugnen oder zu minimieren. Klassenkampf ist seit je ein Knäuel *geosozialer* Konflikte gewesen – und wird es heute wieder explizit –, für die die Formatierung durch die Ökonomisierung nicht mehr angemessen ist, da sie den *terrestrischen Wesen*, einschließlich der Menschen, keinen Platz einräumen kann.

IV. Erneut eine legitime Klasse

21 – Die ökologische Klasse ist also diejenige, die sich der Frage der Bewohnbarkeit annimmt. Aus diesem Grund greift ihre Vision der Geschichte und sogar der Geogeschichte auch weiter aus, ist umfassender und komplexer. Was zunächst als Rückschritt, als Rückwärtsbewegung, fast wie eine »reaktionäre« Position erschien, erweist sich jetzt als eine enorme *Erweiterung* der Sensibilität für die lebensnotwendigen Bedingungen. Daraus erwächst ihr Konflikt mit den alten Klassen, die nicht in der Lage waren, die realen Voraussetzungen ihres Projekts zu erfassen. Weder Liberalismus noch Sozialismus haben ernsthaft die Bedingungen der Bewohnbarkeit auch für sie selbst in Betracht gezogen – einmal ganz zu schweigen von den Neofaschisten. In diesem Sinne darf sich die ökologische Klasse – weil sie weiter blickt, weil sie mehr Werte berücksichtigt, weil sie bereit ist, an mehr Fronten für sie zu kämpfen – als *rationaler* als die anderen Klassen betrachten, in jener Bedeutung, die Norbert Elias diesem Adjektiv verliehen hat. Ihr Ehrgeiz ist also, den *Prozess der Zivilisation* wieder aufzunehmen, den die anderen Klassen aufgegeben oder verraten haben. Auf alle Fälle geht es darum, wie die Zivilisation aktiv fortgesetzt werden kann.

22 – Bereit zu sein, für jedes Subjekt, für jedes Territorium die Welt, in der man lebt, zu unterstützen, indem man sie ausdrücklich mit der Welt verbindet, von der man lebt, *erweitert den Horizont* des Handelns. Diese Erweiterung des Horizonts ermächtigt die ökologische Klasse, sich als *legitimer* zu erachten, den *Sinn der Geschichte* zu definieren. Die durch den alleinigen Horizont der Produktion und der Nationalstaaten beschränkten anderen Klassen bleiben dabei: Sie leugnen weiterhin die Wichtigkeit der Erzeugungspraktiken. Um die bei Elias angedeutete Parallele fortzuführen: Ähnlich wie die aufsteigende bürgerliche Klasse der Aristokratie deren allzu engen Wertvorstellungen ankreidete, spricht heute die neue ökologische Klasse den alten führenden Klassen die Legitimität ab, da sie durch die Krise gelähmt und außerstande sind, für das Abenteuer der modernen Politik einen glaubwürdigen Ausweg zu finden. Daraus schöpft diese neue Klasse ihre Energie, ihre potenzielle Fähigkeit zum Zusammenschluss und, kurzum: *ihren Stolz.*

23 – Indem sie die Definition dessen akzeptiert, was rational ist, um den Lauf der Geschichte zu verändern, macht die ökologische Klasse den gegenwärtig führenden Klassen die Rolle der, wie der Soziologe Bruno Karsenti sie nennt, *classe-pivot*, der Schlüsselklasse, die Rolle derjenigen also streitig, um die herum sich die politischen Positionen organisieren. Die Ökologie wächst aus ihren Kinderschuhen heraus. Sie ist keine Nebenbewegung mehr, vor allem hört sie auf, sich auf die alten sozialen Klassen zu beziehen, die in den alleinigen Produktionsverhältnissen gefangen sind. Mit ihrer Kritik an den bislang »führenden« Klassen befindet sie sich insofern im Recht, als diese weder die Grenzen der Produktion durch eine Beschränkung der Ökonomisierung erkennen noch das Umschwenken auf Praktiken der Erzeugung vorbereiten, noch einen Ausweg finden konnten, der nicht einfach national fundiert war. Definitionsgemäß verändert sie die Aufteilung zwischen Innen- und Außenpolitik: Die äußere Erde wird Teil der Innenpolitik. In klassischen Begriffen formuliert, kann man sagen, dass die liberale Tradition, die weithin auch von den sozialistischen Traditionen geteilt wurde, ihr eigenes Projekt der Entwicklung und des Fortschritts *verraten* hat. Angesichts des Ausmaßes der Katastrophe, die diese führenden Klassen nicht vorherzusehen wussten, haben sie jeden Anspruch verloren, *im Namen gleich welcher Rationalität* zu handeln. Deshalb fehlt ihnen nunmehr auch jede Legitimität, den Sinn der Geschichte zu definieren und den *Respekt* der anderen Klassen einzufordern, die sie bislang angeblich hinter sich sammelten. Das erklärt den Hohn, den sie bei den anderen Klassen auslösen. Den Horizont des Handelns über die Produktion hinaus und jenseits des von den Nationalstaaten definierten Rahmens zu erweitern: Das wird von jetzt an die Aufgabe der sich formierenden ökologischen Klasse sein. Durch dieses Projekt kann sie ihrerseits hoffen, die anderen Klassen hinter sich zu bringen.

24 – Diese Neuausrichtung muss schnellstens geklärt werden, denn als Reaktion auf den Verrat der führenden Klassen sind zahlreiche Bewegungen freigesetzt worden, die eine Bindung an Identität fordern und Schutz innerhalb von mehr oder weniger engen Grenzen suchen, dem überkommenen Schlagwort des nationalistischen Schriftstellers und Politikers Maurice Barrès folgend: »la terre et les morts«, die Erde und die Toten. Das derart eng definierte Territorium liegt allerdings fernab der Richtung, die es einzuschlagen gilt; denn die Verleugnung der Bewohnbarkeitsbedingungen erfolgt hier noch radikaler als im Traum von der Globalisierung, in die die alten führenden Klassen ihrem Anspruch nach die Modernisierung einbetten wollten. Der Boden der Reaktionäre ist noch abstrakter und steriler als jener der Globalisierer. Er ist allein durch die Identität, die Toten bestimmt, und nicht durch die zahllosen Lebenden, die ihm Konsistenz verleihen. Die ökologische Klasse muss daher an mindestens zwei Fronten kämpfen: gegen die illusorische Globalisierung und gegen die Rückkehr in ein von Grenzen umgebenes Inneres. Diese beiden Bewegungen sperren sich gegen die Fragen der Bewohnbarkeit. In beiden Fällen ist die ökologische Klasse genötigt, die Natur der Territorien neu zu definieren, die Beschaffenheit dessen, wovon die Produktion umgeben ist, was sie ermöglicht, beschränkt und kontrolliert. Indem sie Innen und Außen neu aufteilt, darf sie hoffen, Teile der alten Klassen überzeugen zu können, sich mit ihr zu verbünden, um andere Formen der Förderung ihrer Interessen zu entdecken.

25 – Die ökologische Klasse, im Kampf mit den alten Schlüsselklassen begriffen, erkennt sich mithin das Recht zu, »Boden«, »Territorium«, »Land«, »Nation«, »Volk«, »Bindung«, »Tradition«, »Beschränkung«, »Grenze« in ihrer eigenen Begrifflichkeit und auf ihre Weise zu definieren und selbst zu entscheiden, was »fortschrittlich« ist und was nicht. Die Anschuldigung, »reaktionär« zu sein, weil sie angeblich Ausdrücke wie »Territorium« und »Boden« wieder auffrischt, weist sie zurück. Denn beide hat sie mit einer Mannigfaltigkeit lebender Wesen *neu bevölkert.* Ihr Anspruch ist vielmehr, der Achse, die ausweist, was ihre Projekte voranbringt oder aber deren Rückschläge bewirkt, einen anderen Sinn zu verleihen. Vereinfachend formuliert: »Fortschrittlich« oder besser »emanzipatorisch« soll alles das heißen, was ermöglicht, die Welt, in der wir leben, und die Welt, von der wir leben, innerhalb eines gemeinsamen Ganzen aus rechtlichen, affektiven, moralischen, institutionellen und materiellen Phänomenen »zur Deckung zu bringen«; »reaktionär« hieße demnach alles, was dieses Band der Deckung schwächt, ignoriert oder verleugnet. Auf einmal erscheinen die auf Modernisierung setzenden Klassen insgesamt als radikal *veraltet*.

V. Die mangelhafte Ausrichtung der Affekte

26 – Seit Längerem sind Beobachterinnen und Beobachter verwundert, dass weder die Gewissheiten noch die Bedrohungen jene Mobilisierung der Massen nach sich ziehen, die angesichts der Dringlichkeit angemessen wäre. Dabei läuten die Alarmglocken schon seit vierzig Jahren; seit zwanzig Jahren schrillen sie in den Ohren aller; und seit dem letzten Jahrzehnt – zumal während des letzten Jahres – hat die Gefahrenlage nach der unmittelbaren Erfahrung von Abermillionen von Menschen die Stufe Rot erreicht. Wie ist dieser Ausfall an Reaktionen zu erklären? Der Hinweis auf Desinformationskampagnen, die Macht der Lobbys, die Trägheit der Mentalitäten reicht nicht aus. Alles das hat Millionen von Aktivistinnen und Aktivisten nie gehindert, sich hitzig in ihre Schlachten zu stürzen. Ihnen war durchaus klar, dass sich mobilisieren definitionsgemäß bedeutet, sich dieser Art Feinden zu stellen. Was es zu begreifen gilt: Wie es diesen ziemlich voraussehbaren Oppositionen gelingt, die riesige Mehrheit, die sich unwohl fühlt und zu abgestumpft, um zu handeln, einzuschüchtern. In diesem endlos verlängerten »sonderbaren Krieg« steckt etwas, das den gängigen Fähigkeiten, auf eine offensichtliche Gefahr zu reagieren, derart entgegensteht, dass weiter danach gesucht werden muss, welche Ausstattung notwendig wäre, um endlich Gewissheit, Angst, Schuldgefühle und Befangenheit in eine allgemeine Mobilisierung umzusetzen.

27 – Im letzten Jahrhundert bildeten Wohlstand, Emanzipation, Freiheit die mobilisierenden Werte schlechthin. Waren die entsprechenden Fahnen geschwungen, die Ziele benannt, hielt sich noch der feigste Citoyen für einen Kriegsheld. Diese machtvollen Affekte waren es, die die einstigen Klassen veranlasst hatten, sich der Entwicklung der Produktion und den Verheißungen von Reichtum und Freiheit, die sie zum Glänzen brachten, zu verschreiben. Wie sollte jetzt bei ihnen Begeisterung aufkommen, wenn man ihnen auf einmal sagt, dass diese Werte – Wohlstand, Emanzipation, Freiheit – von Grund auf umgestaltet werden müssen? Solange diese Emotionen nicht neu ausgerichtet sind, wird die Ökologie bei ihrem Vormarsch immer wieder durch Anschuldigungen der Langeweile, der Einschränkung, der Rückwärtsgewandtheit ins Stocken geraten. Wie kann sie Alarm schlagen und beanspruchen, die Massen getreu den »fortschrittlichen« Traditionen »in Richtung nach vorn« zu mobilisieren, wenn sie doch zugleich den Fortschritt in Zweifel zieht? Sie wird sich gegen das Etikett einer »strafenden Ökologie« nie wehren können. Sich für den Erhalt der Bewohnbarkeitsbedingungen einzusetzen, damit ist noch nichts assoziiert, was irgendwie Begeisterung auslösen könnte. Wo ist die Garantie für Wohlstand? Wo das Versprechen, die Emanzipation voranzutreiben? Wie soll das Ideal der Freiheit aufrechterhalten werden? Wie soll abrupt von den Verheißungen der Entwicklung zu den noch verschwommenen der Einwicklung übergegangen werden? Unter diesen Umständen kann in der Tat jede Anwandlung von Mobilisierung einen Dämpfer bekommen.

28 – Das zeigt, wie wichtig es ist, die mit der Freiheit verbundenen Affekte, die sich im Lauf der Geschichte unaufhörlich verändert haben, neu zu definieren. Die *negativen* Auffassungen von Freiheit – das, was es dem Individuum ermöglicht, sich den Zwängen und dem Einfluss der Regierenden zu entziehen – ebenso wie die *positiven* Auffassungen von Freiheit – das, was es den Gemeinschaften ermöglicht, autonom zusammenzuleben – hängen von einer vorgängigen *Abgrenzung* der Individuen und der menschlichen Gemeinschaften ab, die bedeutungslos wird, wenn die Welt, von der man lebt, fordert, in die Welt aufgenommen zu werden, in der man lebt. Sich zu emanzipieren gewinnt eine andere Bedeutung, wenn es darum geht, sich daran zu gewöhnen, dass man schließlich und endlich von dem *abhängt*, das uns leben lässt! Die Ökologie wirft die Frage des Stellenwerts und der Konzeption der *Grenzen* neu auf: Zum einen widerspricht sie der modernen Leidenschaft, ständig

Schranken zu überwinden, gilt es doch zu versuchen, »innerhalb der Grenzen« der Hülle des Systems ERDE zu »bleiben«; zum anderen entdeckt sie mittels der Wissenschaften ebendieses Systems ERDE, wie unzulänglich bekannt die Grenzen sind und wie sie *umgangen* werden können. Ihre Anstrengungen zur Bestandsaufnahme und Wiederaufnahme der Begrenzungen des alten Begriffs der Grenze erstrecken sich auf alle Themen und auf alle Ebenen – der Nationalstaaten wie der menschlichen Gruppen oder lebenden Organismen. Unter »Emanzipation« versteht sie folglich die Befreiung vom engen Register der Freiheitsideen, die sowohl von den Liberalen als auch von den Sozialisten im alleinigen Rahmen der Produktion im Dienst der Menschen erforscht wurden.

29 – Ähnlich ist es mit solchen scheinbar gegensätzlichen Begriffen wie Zugehörigkeit, Identität, Bindung, Lokalität, Solidarität, Gemeinschaftsleben, Gemeinschaft, die aufgrund der früheren Geschichte der Klassen mit Boden, Volk, Nation assoziiert werden. Doch der Boden, auf dem die früheren Modernen landen, hat mitnichten dieselben Eigenschaften, Bestandteile, dieselbe »Natur«, dieselbe »Identität« wie der, den die Fortschrittlichen alten Schlags angeblich hinter sich ließen. Es spricht also nichts dagegen, diesen Begriffen einen neuen, positiven Sinn zu verleihen. Dieser neue Lernprozess in Sachen Abhängigkeit bietet die Gelegenheit, Emanzipation und die Suche nach Autonomie neu zu definieren. Je stärker wir abhängen, desto besser. Aber diese Suche nach »Bindungen, die befreien«: Wie sehr steht sie doch quer zu unseren Gewohnheiten!

30 – Die ökologische Klasse erhebt den Anspruch, Erbin der Werte von Freiheit und Emanzipation zu sein. Sie übernimmt diese Werte, muss ihnen aber auch eine Bedeutung beilegen, die endlich mit den Bedingungen ihrer praktischen Umsetzung vereinbar ist. In den Begriffen der Produktion und der mehr oder weniger gerechten Aufteilung der Reichtümer war dies unberücksichtigt geblieben. Wenn, wie Karl Polanyi dargelegt hat, Boden, Arbeit und Geld unveräußerlich und *nicht aneigenbar* sind, heißt das, dass die ökologische Klasse, indem sie den Erhalt der Bewohnbarkeit privilegiert, endlich wieder auf ihre *wahren Eigentümer* trifft. Descartes hatte es nicht vorausgesehen! Eigentum ist nicht das der Menschen an der Welt, sondern das einer Welt an den Menschen. Jene, die *wahren Eigentümer*, sind es, die qua Konstruktion »Herren und Eigentümer der Natur« sind ... Es sind die Lebewesen, die definitionsgemäß Eigentümer ihrer selbst sind, da sie *sich selbst geschaffen* haben und nach und nach den Planeten Erde – oder zumindest seinen winzig kleinen Teil, der bewohnbar ist – und dies anhand eines Prozesses, der zu Recht sui generis genannt wird, der sich selbst erzeugt hat.

31 – Auf einmal ist die Natur kein Opfer mehr, das es zu schützen gilt; sie besitzt uns. Das bedeutet der stolze Slogan der französischen Umweltbewegung der Zadisten: »Wir sind die Natur, die sich verteidigt.« ... Wir haben uns nicht vor armen Opfern in Reue zu ergehen, sondern müssen es aushalten, dass unsere wahren Eigentümer sich wieder unserer bemächtigen ... Aus dieser Umkehrung zieht eine Armee von Juristinnen und Juristen gegenwärtig die Konsequenzen, bis in die Rechtsprechung hinein. Die Erzeugungspraktiken, die die Bewohnbarkeit der Lebensumstände wiederherstellen, aufrechterhalten und verstärken, werden wieder zu dem, was entdeckt und gepflegt werden soll. Was wir erleben, ist das genaue Gegenteil der berühmten Episode der *Einhegung*. Plötzlich finden sich die Menschen eingehüllt, umgedreht und *eingehegt* – um nicht zu sagen: eingesperrt. Das Problem lautet nun aber: Wie kann eine solche Subversion in den Werten *positiv* gewendet werden? Wie lässt sich der folgende Ausdruck in Common Sense verwandeln: »Ich bin abhängig, das befreit mich, ich kann endlich handeln«? Wie lässt sich daraus die neue Matrix einer erweiterten Anschauung von Solidarität und Emanzipation machen?

32 – Verständlich wird, dass für den Augenblick die so heiß erwartete Mobilisierung zugleich unvermeidlich und ständig verschoben wird. Die Affekte sind nicht derart *koordiniert*, dass sie Automatismen schaffen. Und schrecklich ist zudem, dass uns die Zeit fehlt, sie nacheinander und in der richtigen Ordnung zu koordinieren. Es brauchte mehrere Jahrhunderte, bis Liberale und dann Sozialisten bedingte Reflexe entwickelt hatten, die zum Räderwerk der Mobilisierungen für Entwicklung wurden. Da es zu keiner Erneuerung der Komponenten einer gemeinsamen Kultur gekommen ist, besteht eine immense Kluft zwischen den mit den alten sozialen Klassen assoziierten Werten und denjenigen, für die die ökologische Klasse zu werben scheint. Da diese sich nicht ausreichend in diesen Schlachten engagiert, ist es ihr nicht gelungen, die politische Kultur von dieser zu engen Palette an Gefühlen, Künsten, Werken, Themen, Bildern, Erzählungen zu befreien. Auf einmal fehlt es ihr bitter an einer *Ästhetik*, die in der Lage wäre, die von den Klassen, die sie bekämpft, ausgelösten *politischen Leidenschaften* zu schüren. *Die große Verblendung*, von der der Schriftsteller Amitav Ghosh spricht, sie scheint noch zu funktionieren! Bislang besteht der Erfolg der politischen Ökologie darin, die Menschen in Panik zu versetzen und diese gleichzeitig aus Langeweile zum Gähnen zu bringen … So erklärt sich die Handlungslähmung, die sie zu oft hervorruft.

VI. Ein anderer Sinn der Geschichte in einem anderen Kosmos

33 – Forscht man weiter nach den Quellen dieses Unvermögens, kollektiv zu handeln, dann stößt man, neben der mangelhaften Ausrichtung der Affekte, auf zwei Elemente, die zu einem Großteil diese verstörenden Haltungen schuldhafter Resignation, beunruhigender Trägheit, verschwommener Anwandlungen, alle diese für die Epoche so typischen *traurigen Leidenschaften* erklären. Es scheint, als wären wir unschlüssig hinsichtlich der Richtung der mutmaßlich uns fortreißenden Geschichte. Und, um es noch komplizierter zu machen, wir sind uns nicht sicher über die Beschaffenheit oder, besser, die Konsistenz der Welt, in der wir handeln sollen. Sie ist uns *fremd* geworden. Wir sind buchstäblich »nicht mehr bei uns«. Ungeachtet der Bewegungen und Gegenbewegungen der vorangegangenen Epochen kann man sagen, dass sie »wussten, wo sie hingehen«, da sie sich *modernisierten*. Zudem konnten sie, was ungemein beruhigend war, auf eine ziemlich stabile, vorhersehbare und bekannte Welt zählen. Derartige Gewissheiten zu teilen bedeutete, beim geringsten Alarmzeichen schnell reagieren zu können.

34 – Der Sinn der Geschichte fällt nicht vom Himmel. Wie sich an der Entstehung der anderen Klassen zeigt, muss er hergestellt, verteilt, installiert, umgesetzt werden. Schrittweise eine »englische Arbeiterklasse« zu formen, wie Edward P. Thomson es beschrieb, nimmt ein ganzes Jahrhundert in Anspruch. Vergegenwärtigen wir uns nur, wie lange die Erfindung der »Moderne« brauchte und wie viel Tinte fließen musste, um die Bewegung »unwiderruflich« und »Begeisterung auslösend« zu machen. Bis sie sich gerade vor unseren Augen in ihr Gegenteil verkehrt! Wie Elias eindrucksvoll belegt hat, ist der Aufstieg einer Klasse kein zwangsläufiger Prozess. Keine Vorsehung, kein *Zeitgeist** hat jene geführt, die den Anspruch erhoben, den Sinn der europäischen Geschichte zu definieren – das bezeugt die willentliche Blindheit der »bürgerlichen Klassen« gegenüber den Klimafragen während des gesamten 20. Jahrhunderts in aller Brutalität. Die ökologische Kultur würde einen großen Fehler begehen, wenn sie glaubte, »die Zeit arbeite für sie«, egal was ihre Anhänger tun. Gerade diese Vorstellung einer unabwendbaren »Modernisierungsfront« hat alle Versprechen der führenden Klassen während des letzten Jahrhunderts pervertiert. So wenig es eine unabwendbare Front der Modernisierung gibt, so wenig sollte auf eine unumkehrbare »Ökologisierungsfront« gesetzt werden. Man sollte nicht einmal darauf bauen,

* Im Original Deutsch.

dass das Ausmaß der sich vollziehenden Katastrophe von sich aus einen Bewusstseinswandel auslösen könnte, und schon gar nicht dem glauben, was jener so teuflisch falsche Satz einzuhämmern sucht: »Wo aber Gefahr ist, wächst das Rettende auch.« Nichts wird uns retten, und ganz bestimmt nicht die Gefahr. Der Erfolg wird einzig von unserer Fähigkeit abhängen, die zufällig sich einstellenden Gelegenheiten beim Schopfe zu packen.

35 – Verrat haben die alten führenden Klassen genau deshalb begangen, weil sie sich als Träger eines unabwendbaren Sinns der Geschichte, eines unbestreitbaren *Telos* wähnten; das hat sie unempfänglich gemacht für die Beschaffenheit des *Raums*, in dem sich diese Geschichte abspielen sollte. Die brutale Rückkehr der planetarischen Grenzen verbietet der ökologischen Klasse, von Neuem den Irrtum der anderen Klassen zu begehen, die mit dem Anspruch antraten, die *Avantgarde* einer Bewegung zu sein, der sich nichts entgegenstellen könnte. Mit ihrer Behauptung, *im Vorhinein* die Zukunft zu verkörpern, haben diese sogenannten »rationalen« Klassen die Möglichkeit unterbunden, ihre Zukunft zu erfassen. Unausgesprochen steuerten sie auf eine Utopie zu, die rasch zerfaserte. Die Welt, in die die Modernisierung blind führen sollte, existiert schlicht und einfach nicht.

36 – Am meisten verstört die ökologische Klasse, dass sie sich um die bloße Idee eines Sinns, *eines einzigen Sinns* der Geschichte, streiten muss. Die Verpflichtung, die Welt, von der man lebt, mit der zusammenzubringen, in der man lebt, zwingt dazu, die Geschichte nicht als Vorwärtsbewegung zu denken wie die Modernen, die hinter sich die Vergangenheit von der Zukunft abschnitten, sondern als Vervielfachung der Art und Weise, zu *wohnen* und *sich um* die Erzeugungspraktiken *zu sorgen*, und das in völliger Gleichgültigkeit gegenüber dem, was zur Vergangenheit, zur Gegenwart oder zur Zukunft gehört. Die Geschichte wird demnach nicht länger als ein Zusammenschluss zu einer kohärenten Front begriffen, die der berühmte einheitliche »Zeitpfeil« abbildet, sondern als eine *Zerstreuung* in alle Richtungen, wodurch wiederaufgegriffen und wiederhergestellt werden soll, was der einstige Sinn der Geschichte grob zu vereinfachen suchte.

37 – Der Unterschied zwischen dem dieser Klasse eigenen Typus von *Subversion* und dem »revolutionären« Geist der Vergangenheit mit seiner berühmten »Konvergenz der Kämpfe« könnte folglich nicht größer sein, da es sich um einen weitaus radikaleren und revolutionäreren Einschnitt handelt als bei jenen, die lediglich die Bemächtigung des Produktionssystems im Blick hatten. Verständlich wird damit auch, wie bedeutsam die Mannigfaltigkeit, Unterschiedlichkeit und

Besonderheit der zahllosen Kämpfe um alle Themen und auf allen Ebenen sind, in die die Aktivistinnen und Aktivisten verstrickt sind. Wie könnte der Geschichte nur ein einziger Sinn zugeschrieben werden, da diese sich doch jedes Mal der Lektion der Lebewesen beugt, von denen ein jedes seine ihm eigene Weise besitzt, *seine Geschichte* und zugleich unsere *zu machen*?

38 – Die Aktionseinheit der vorhergehenden Perioden – zumindest so, wie wir sie uns im Nachhinein vorstellen – wurde dadurch ermöglicht, dass es für die Modernisierten keine andere materielle Welt als die wissenschaftlich erkannte gab. Quelle der aktuellen Verstörung ist, dass wir nicht mehr aufgerufen sind, in ebenderselben Welt zu reagieren. Um wie die Anthropologen zu sprechen: Wir haben die *Kosmologie* gewechselt. Das macht uns die bittere Erfahrung der Coronapandemie am nachdrücklichsten bewusst. Die Verblüffung einer ganzen Zivilisation, die gezwungen ist, sich der Gegenwart eines Virus anzupassen, signalisiert und verstärkt deren Unfähigkeit, angemessen schnell auf das Neue Klimaregime zu reagieren. Diesem Neuen Regime stehen wir ebenso hilf- und mittellos gegenüber wie die von der Modernisierung erfassten einstigen »Wilden«, deren Welt verheert wurde. Die unangepassten, unterentwickelten »Wilden«, die unfähig sind, dem Schock dieser »Entmodernisierung« zu begegnen: Das sind jetzt wir!

39 – Ein sich entwickelnder Moderner fühlte sich in der Natur *wohl*. Sein kosmologisches Modell, um zu einem kanonischen Beispiel zu greifen, war die schiefe Ebene Galileis, mit der sich das Gesetz der fallenden Körper berechnen ließ – alles musste in dieses Modell passen. Was nun tun, wenn dieses Modell, das kanonische Beispiel, zu einem Virus wird, das sich unaufhörlich von Mund zu Mund verbreitet, das ansteckend ist, mutiert, überrascht und dessen Spur die Wissenschaften in ihrer Vielfalt, da weit entfernt davon, es in den Griff zu bekommen, folgen und sich wie es weiterentwickeln müssen? Für Menschen, die sich auf die Reaktionen der alten Welt verließen, ist die Verwirrung total: Wir sind nicht länger Menschenwesen in der Natur, sondern Lebewesen inmitten anderer Lebewesen in offener Entwicklung mit und gegen uns, die alle an demselben Terraforming teilnehmen. In einer galileischen Welt wäre die Epidemie eine in Rückbildung begriffene Krise; in der, in der wir leben, wird das Coronavirus uns unaufhörlich zwingen, wie es selbst zu mutieren. Was für eine schreckliche Lektion.

40 – Die Hauptquelle der Unfähigkeit zu reagieren beruht darin: Es ist, als würden Sie sich ruhig vorbereiten, eine Steinmauer zu bauen, und dann forderte man Sie auf, im Hauruck eine Epidemie einzudämmen. Alles bewegt sich, entwickelt sich, mutiert. So dass Sie allmählich in Zweifel geraten, ob die Welt widersteht oder ihre *Konsistenz* be-

hält. Es gab einen Rahmen, der auf unser Handeln nicht reagierte; jetzt reagiert er, und das auf allen Ebenen: Viren, Klima, Humus, Wälder, Insekten, Mikroben, Ozeane und Flüsse. Eingeschüchtert, verloren, ungelenk, wie wir sind, wissen wir plötzlich buchstäblich nicht mehr, wie wir uns *verhalten* sollen. Ein wenig wie diese Unglücklichen, denen man abverlangt, dass »sie sich endlich ans Internet setzen«. Wir wissen nicht mehr, woran auch immer wir uns setzen sollen, und vor allem nicht, »uns in die Welt zu setzen«. Die Fragen der Erzeugung übersteigen uns. Unserem eigenen Boden entfremdet, sind wir orientierungslos, im höchsten Maße versucht, das Handtuch zu werfen – wo doch alles uns dazu antreiben sollte, zu handeln, und zwar rasch. Dieses Kippen der Kosmologie ist vermutlich die Hauptquelle dieser traurigen Leidenschaften, die die ökologische Klasse diagnostizieren und für die sie Therapien entwickeln muss, will sie sich nicht um die Chance bringen, eines Tages Macht auszuüben.

VII. Die ökologische Klasse ist potenziell in der Mehrheit

41 – Die Liste der zu behandelnden Pathologien zu erstellen ist kein Beleg für Grausamkeit, sondern im Gegenteil für grundlegenden Realismus. Solange die großen Massen nicht zur Tat geschritten sind und sich von den Fußfesseln der Produktion befreit haben, muss weiter die Quelle ihrer Trägheit erforscht werden. Glücklicherweise sieht das Bild ganz anders aus, wenn man, statt sich für die zu interessieren, die sich nur bedingt für ihre Abgestumpftheit schämen, sich den Menschen zuwendet, die bereits seit Längerem in Schlachtordnung angetreten sind. Denen wird man »sich« endlich »zuzählen« können. Darin steckt das ganze Paradox dieses »sonderbaren Kriegs«: Auf der einen Seite scheint die Sache der Ökologie marginal zu sein, auf der anderen hat alle Welt bereits faktisch das Paradigma gewechselt.

42 – Die ökologische Klasse setzt die vergangenen Kämpfe fort, bei denen jeweils neue Akteurinnen und Akteure, die bisher als vernachlässigbar galten, ihren Auftritt haben. Denn die Teilnehmerinnen und Teilnehmer, deren Erzeugungspraktiken für die Produktion unverzichtbar sind, haben sich im Laufe der Geschichte weiter *vermehrt.* Sie sind also natürliche Verbündete.

Diese Rolle kommt natürlich zunächst, im Sinne der sozialistischen Traditionen, den Proletarierinnen und Proletariern bei der Produktion des Reichtums zu. Eine entsprechende Rolle deckten dann die Bewegungen des Feminismus auf, als sie den Zusammenhang zwischen der Erfindung der Ökonomie und der langen Unterdrückung der Frauen aufzeigten. Und davon zeugen auch weiterhin die postkolonialen Bewegungen, wenn sie auf die Tragweite der Kolonisierungen und der ungleichen Handelsbeziehungen bei der Akkumulation des Reichtums verweisen. *Ergänzt* wird diese Reihe folgerichtig durch die vielfältige Enthüllung der Rolle und der Grenzen der Lebewesen und des Systems ERDE und durch den Aufweis, in welchem erschreckenden Ausmaß der Bereich der Produktion *limitiert* war und weiterhin ist. Man könnte einen Satz von David Graeber aufgreifen: »Wenn Sie heute die ›Produzenten des Reichtums‹ erwähnen, wird jeder denken, Sie wollten von den Kapitalisten, ganz sicher nicht von den Arbeitern sprechen«, und dahingehend paraphrasieren: »Wenn Sie heute die ›Produzenten des Reichtums‹ erwähnen, wird jeder denken, Sie wollten von den Kapitalisten, ganz sicher nicht von den Lebewesen sprechen.« Die potenziellen Mitglieder der (ökologischen) Völker sind also schon in riesiger Zahl vorhanden, vorausgesetzt, die Kontinuität zwischen den verschiedenen Bewegungen, die sie sichtbar gemacht haben, wird angemessen hervorgehoben.

43 – Zum Interesse, sich von der alleinigen Fokussierung auf die Produktionsverhältnisse zu entwöhnen, gehört auch, ein neues Band zu den *indigenen* Völkern zu knüpfen – schließlich handelt es sich weltweit um schätzungsweise eine Viertelmilliarde Menschen! –, die dem Einfluss der »Entwicklung« mit mehr oder weniger Gewalt zu widerstehen wussten. Diese Allianz ist umso wichtiger, als diese Völker von *innerhalb* der Grenzen der Nationalstaaten kämpfen, um den Raub ihres Landes zu verhindern, und sie den Zeitpfeil des Progressivismus verändern, ohne auf den alten Pfeil der Geschichte zurückzugreifen. Womit sie zugleich zu den vielfachen Neuerungen hinsichtlich dessen beitragen, was die Existenz eines einen Boden *bewohnenden Volkes* bedeuten könnte. Sie repräsentieren nicht die Vergangenheit mit ihrer Entwicklung der Produktion, sondern verweisen auf vollkommen zeitgenössische Verwendungsarten der Erzeugungspraktiken, die es zu erfinden gilt. Die Lektion ist bitter, aber es sind die einstigen »Wilden«, die den neuen beibringen müssen, wie man der Modernisierung widersteht!

44 – Ein weiterer wichtiger Vorteil für die Definition dieser neuen Klasse liegt in jener verblüffenden Umkehr der Erzeugungsbande, die das Neue Klimaregime *zwischen den Generationen* knüpft. Die Welt, in der man lebt, von der abzutrennen, von der man lebt, ist tatsächlich nicht nur eine schlichte räumliche Frage, sondern auch eine der Zeit. Von der Zukunft zu leben hat zur Konsequenz, die Lösung gegenwärtiger Probleme den nachfolgenden Generationen aufzubürden. Daraus erklärt sich der Eindruck, man sei von den Alten verraten worden und finde sich im buchstäblichen Sinn *ohne Zukunft* wieder. Die Zukunft ist im Voraus verschlungen worden. Während in der Periode der Globalisierung der »Jugendwahn« als Wegweiser in die Zukunft diente, besteht die plötzliche Revolte der Jugendlichen, die sich verraten fühlen, darin, die Alten, und ganz besonders die Babyboomer (die einstigen »Jugendlichen«!), als verwöhnte und unreife Teenies zu betrachten. Die Jugend repräsentiert nicht mehr wie früher die Zukunft des Produktionssystems, das die Archaismen der Alten umstößt, sondern ganz im Gegenteil das lange Bestehen, die *Anciennität*, der Erzeugungsfragen, die die älteren Generationen willentlich geopfert haben. Da sind zahlreiche Kräfte zu rekrutieren!

45 – Weite Teile der Klassen der Intellektuellen sind bereits für jene Erweiterung des Horizonts gewonnen, womit der neuen ökologischen Klasse die ihr eigene Rationalitätsform vermittelt wird, die sich von den Rationalitätsansprüchen der alten führenden Klassen diametral unterscheidet. Das trifft natürlich auf jene Wissenschaftlerinnen und Wissenschaftler zu, die auf die eine oder andere Weise in den neuen Earth System Sciences engagiert sind und die bereits in die Schlachten verstrickt wurden, die ihnen die Leugner des Klimawandels aufgezwungen haben. Das gilt auch für die Ingenieure und Erfinderinnen, deren Innovationsdrang durch die engen Zwänge der Produktion gebrochen wurde. Alle Wissenschaftlerinnen und Wissenschaftler, alle in intellektuellen Berufen Tätige sind bereit, ihre Rationalität gegen die Ökonomie des Wissens und die »rationelle Evaluation« ihrer Arbeit einzusetzen. Die Innovatoren wurden ihrer Kapazitäten zum Erfinden beraubt, aber auch die Universitätsangehörigen all ihrer Mittel, um ihre Forschungen fortzusetzen. Zwischen Forschung, Engineering und den Erzeugungspraktiken bestanden eine Fülle von Verbindungen, die gekappt wurden und die neu zu knüpfen zahlreiche *travailleurs de la preuve*, »Arbeiter des Beweises«, bereit wären. Diese sich ständig vergrößernde Liste wäre durch all die Aktivistinnen, Protestler, Menschen guten Willens, gewöhnliche Bürger, Bäuerinnen, Gärtner, Industrielle, Investoren, Erforscherinnen dieser oder jener Art zu ergänzen, ohne all die zu vergessen, die mit eigenen Augen zuschauen mussten, wie ihr Territorium verschwand. Sie alle könnten spüren, dass sie Teil dieser sich bildenden Klasse sind, auch wenn es ihnen vorerst noch schwerfällt, darin ihre Ideale zu erkennen. Wenn sie sich als Teil ein und derselben zivilisatorischen Bewegung fühlten, dann wäre schon viel gewonnen!

46 – Vergessen wir bei dieser Aufzählung nicht die Religionen. Sie verkörpern zahlreiche Kräfte, tiefe Emotionen, die im Verlauf der Jahrhunderte bereits Wissen darüber erworben haben, wie man die Seelen, die Landschaften, das Recht und die Künste verändern kann. Der Sonderfall der Christen ist interessant. Sie wurden gedrängt, der Erde zu entfliehen, und nun sehen sie in der Ökologie einen Appell, der ihre Dogmen erneuern könnte. Solange sie »Ökologie« mit »Heidentum« oder »Immanenz« assoziieren, sind die Christen keine Verbündeten. Doch sobald sie begreifen, dass die Ökologie sie von ihrer »politischen Theologie« befreit, wird ihre Unterstützung wertvoll. Mit ihrer Hilfe könnte man beginnen, diese moderne politische Theologie aufzudröseln, die ungeachtet ihrer Behauptungen nichts Laizistisches an sich hat, sondern die Kosmologien, Theologien und Formen des Humanismus miteinander vermischt und die man Faden für Faden entwirren muss. Fügen wir unserer Liste also all jene hinzu, die von Ritual zu Ritual daran arbeiten, dass der »Schrei der Erde und der Armen«, um die schöne Formulierung (oder vielmehr den Aufschrei!) von Papst Franziskus aufzugreifen, endlich gehört wird.

47 – Zieht man Bilanz, wird erkennbar, dass die sich bildende ökologische Klasse keineswegs marginal ist. Um eine berühmte Wendung zu paraphrasieren: »Ein Gespenst geht um in Europa und dem Rest der Welt: der Ökologismus!« Ihm fehlt nur noch, dass er *sich als die Mehrheit definiert.* Die ökologische Klasse ist bereits so etwas wie der neue dritte Stand: ein Nichts mit dem Ehrgeiz, das Ganze zu sein. Wie dem früheren dritten Stand mangelt es ihr nur am Stolz, von sich und ihrer Zukunft überzeugt zu sein – wie auch an einigen günstigen und völlig kontingenten Umständen, um die Macht zu erlangen … Im Augenblick versucht diese Klasse, sich wieder mit dem Slogan Mut zu machen: »Wir sind die Welt, wir sind die Zukunft«, und sogar, in einem Anflug von Kühnheit: »Wir greifen den Zivilisationsprozess wieder auf, den die anderen aufgegeben haben.« Allerdings, und das müssen wir eingestehen, sind die Massen, die sich in diesen stolzen Slogans wiedererkennen, noch nicht so umfangreich.

48 – Das Auftreten einer ökologischen Klasse, die um sich herum und mit ihren eigenen Begriffen die Klassenkämpfe organisiert, scheint im Augenblick noch durch die außerordentliche Zersplitterung der Kräfte und der Erfahrungen begrenzt zu sein. Um den berühmten Ausspruch zu parodieren: »Wie viele *Divisionen* hat die ökologische Klasse?« Allerdings ist diese Zersplitterung *nur zu begrüßen*, wenn es darum geht, das anscheinend unabwendbare Schicksal der Erweiterung der Produktion mit allen Mitteln abzuwenden. Einem Wechsel des Maßstabs ist immer zu misstrauen, so auch in der Politik. Man muss der Versuchung widerstehen, sich entsprechend den traditionellen Formen des politischen Angebots *zu vereinigen*, mit dem immer noch vorgespiegelt wird, in einer großen Offensive das Hindernis beseitigen und für bessere Tage sorgen zu können. Im Virussystem gibt es keine besseren Tage. So verläuft die Zeit der Lebewesen nicht. Auch da zwingt das Erfordernis der Zusammensetzung, das Tempo zu drosseln, um auf seine Weise die zu knüpfenden Bündnisse zu sondieren. In diesem Sinne kann die mit der neuen Kultur der Lebewesen gestärkte politische Ökologie ihre Mannigfaltigkeit nur begrüßen. Sie erlaubt ihr, die Alternativen nach allen Richtungen hin zu erkunden.

VIII. Der unerlässliche und doch vernachlässigte Kampf um die Ideen

49 – 1789 verfügte der dritte Stand über eine Trumpfkarte, die der ökologischen Klasse so bitter fehlt. Als der dritte Stand zur Nation geworden war, hatte der Kampf um die Ideen *bereits seit hundert Jahren* in allen Milieus und allen Klassen sozusagen »die Geister vorbereitet« und war selbst in den inneren Kern der Eliten eingedrungen. Wer hat nun aber in den letzten hundert Jahren die Eliten auf die sich vollziehende Mutation vorbereitet? Von zahllosen Forschern, Denkerinnen, Aktivisten, Moralisten, Protestlern und Dichterinnen wurde durchaus viel geistige Arbeit geleistet, doch deren Ergebnisse wurden von den sogenannten »grünen« Parteien nicht aufgegriffen und haben die führenden Klassen nur leicht tangiert. Wo sind die Denkorte, an denen seit Jahrzehnten der ideologische Kampf um die oben angezeigten Themen verbissen geführt worden wäre? Man hat den fatalen Eindruck, dass der Kampf noch gar nicht richtig begonnen hat. Die anderen Klassen veranstalten einen Höllenlärm, nehmen den gesamten Medienraum in Beschlag, besetzen die Zeitschriften, die Fernsehsender, die Tageszeitungen, monopolisieren die Ausbildung des Personals im höheren Staatsdienst, schaffen immer mehr Managementschulen und Lehrstühle für Wirtschaftswissenschaften – und wo sind die entsprechenden Organe der ökologischen Klasse? Nichts, das erlaubte, einen angemessenen Gegenangriff zu starten und im Kampf um die Ideen die *Hegemonie* zu erringen.

50 – Doch wie die Geschichte der sozialen Bewegungen belegt, gibt es keinen Grund zu der Annahme, eine Klasse, die in der Lage sein sollte, den durch das Umschwenken der Kosmologie orientierungslos gewordenen anderen Klassen die Führungsrolle streitig zu machen, könnte ohne diese ideologische Arbeit überhaupt entstehen. Also *ohne* eine umfassende Bestandsaufnahme des kulturell Vorhandenen *in Angriff zu nehmen*, so wie die anderen Klassen in der Vergangenheit vorgehen mussten, um sich auf den öffentlichen Bühnen in den Vordergrund zu drängen. Das Gramsci'sche Thema der Eroberung der »kulturellen Hegemonie«, wie abgedroschen auch immer, dieser Stellungskrieg, der organisiert werden muss, lange bevor der Bewegungskrieg geführt werden kann – dieses Thema gilt für diese entstehende Klasse ebenso wie für alle anderen. Noch nie haben die sogenannten »objektiven« Interessen allein gereicht, damit eine Klasse in Erscheinung trat, die sich ihrer selbst bewusst war und in der Lage, die anderen zu überzeugen, sich mit ihr zu verbünden. So wie die ökonomischen Interessen allein noch nie hinreichten, um sich innerhalb der Klassenkämpfe zu positionieren, so gilt das für die »ökologischen Interessen« auch.

Immer wieder muss versucht werden, *die gesamte Kultur* aufzumischen. Wenn die ökologische Klasse zaudert, diese Schlachten zu führen, wird sie immer ein Rumpfphänomen bleiben.

51 – Nur ist es für diese Klasse weitaus schwieriger als für die vorhergehenden. Eine ganze Bevölkerung muss empfänglich gemacht werden für einen Wandel der Kosmologie, der dazu führt, dass ungeheuer *viele* beunruhigende Themen mitbedacht werden müssen. Auch wenn die traditionellen sozialen Klassen zumindest implizit bereits alle ihre *geo*soziale Dimension begriffen, und sei es, dass sie sie verleugneten, so wird diese Dimension doch erneut zentral, da ab jetzt die Kämpfe, auf allen Ebenen und auf allen Kontinenten, um die Besetzung, die Beschaffenheit, den Gebrauch und den Erhalt der Territorien und der Subsistenzbedingungen geführt wird. Hier erfolgt also eine ungeheure Intensivierung im Kampf um die Ideen, geht es doch um die Klärung der Frage, *woraus die Welt gemacht ist*, also letztlich um Metaphysik. Es zählt jede Einzelheit. Wie der Philosoph Baptiste Morizot sagt: Jede Wolfsmeute verdient eine Philosophie.

52 – Die Veränderung der Kosmologie muss für die ökologische Klasse Antrieb sein, die *Humanwissenschaften* neu zu beleben und mittels aller Arten von Medien und Formen herauszufinden, wie diese neue Erde sich äußert und empfunden wird. Die Sozial- und Kulturgeschichte belegt, welche Bedeutung in allen Epochen der Kultur und den *Künsten* beigemessen wurde. Dementsprechend muss die ökologische Klasse der Entwicklung der ihr vorhergehenden Klassen, der liberalen wie der sozialistischen, in deren Anspruch nacheifern, die Gesamtheit der kulturell mobilisierbaren Themen zu definieren. Dichtung, Film, Roman, Architektur: Nichts darf ihr fremd sein. Verglichen mit der Bedeutung, die den Künsten bei der Entwicklung des Liberalismus zukam, oder der Monopolstellung, die die Linke im Bereich der Kulturkritik innehat, ist es nur zu offensichtlich, wie sehr es der offiziellen Ökologie an dergleichen Ressourcen mangelt. Im Augenblick sind die ökologischen Parteien auf der künstlerischen Bühne erschreckend abwesend oder verfügen jedenfalls nicht über die künstlerische und intellektuelle Ausstrahlung der alten Parteien. Im Grunde ist es, als könnten sie die Kultur ruhig vernachlässigen, da sie sich ja schließlich um die Natur kümmern.

53 – Dieses Umschwenken der Kosmologie setzt eine Verwendung der Wissenschaften voraus, die sich vom modernen Gebrauch stark unterscheidet. Alle strittigen Themen zum System ERDE verlaufen über die »Naturwissenschaften«, denn diese sind weitgehend die Quelle des eigentlichen Bewusstseins der ökologischen Klasse. Was wüssten wir Sicheres über den Verlust an Welt ohne die Wissenschaften? Dennoch haben diese keineswegs die souveräne Leitung und Sicherheit garantierende Rolle inne, die sie in den liberalen oder sozialistischen Perioden spielen konnten, als sie, unter dem Vorwand, »man wisse, was zu tun sei«, die Legitimation dafür lieferten, auf Politik zu *verzichten*. Die von den Lebewesen geprägten neuen Wissenschaften *begleiten* eher die Erforschung der stets kontrovers diskutierten, überraschenden Bedingungen des Verhaltens des Planeten. In diesem Sinne sind die Wissenschaften ebenso unbeständig und unruhig wie dieses System, dessen Turbulenzen sie zu folgen begonnen haben. Die Wissenschaftlerinnen und Wissenschaftler *fügen* ihre wesentliche Rolle als Sprachrohr der von ihnen experimentell untersuchten Dinge den zahlreichen anderen Wortführern *hinzu*, die an den Kontroversen teilnehmen. Der Zugang zu diesen Wissenschaften und die mit den Forschenden einzugehenden Bündnisse stellen mithin zentrale Trümpfe im neuen Kampf um die Ideen dar. Allerdings, und dies sei nicht verschwiegen, haben wir es mit ungeheuer *vielen neuen* Themen zu tun, die beachtet werden müssen. Der Kampf um die Ideen setzt sich bis in die Herstellung der Fakten fort. Man muss die Wissenschaften im Detail verfolgen und sorgfältig verifizieren, wie diese Fakten mehr oder weniger gut *aufbereitet* wurden. Eine weitere Kultur also, die es zu entwickeln gilt, dieses Mal aber eine Kultur der wissenschaftlich untermauerten Humanwissenschaften.

54 – Die aufgrund der kosmologischen Mutation zu erfolgende akribische Wiederaufnahme der gesamten modernen Geschichte ist deshalb so wichtig, weil die von dieser Bewegung getragenen aktuellen Forderungen ständig durch den Gebrauch von Begriffen erstickt werden, die von der vorhergehenden Periode hinterlassen wurden, insbesondere »Natur« und »Verteidigung der Natur«. Die »Natur« der Modernen war das, was die Produktion »außerhalb« ihres Horizonts beließ, was sie sich zugleich aber in Form von Ressourcen einverleibte. Sie blieb also den sozialen Sorgen und Beschäftigungen immer *äußerlich*, und man musste bereit sein, die Interessen der Gesellschaft *hinter sich zu lassen*, damit man sich um ihr Schicksal sorgen konnte. Indem sie sich als Wiederaufnahme der Bande zwischen der Welt, von der wir leben, und der Welt, in der wir leben, begreift, befreit die ökologische Klasse die Akteure vom *radikalen Außensein* gegenüber der Natur und zugleich diese von der *Beschränkung* auf die alleinige Rolle als Ressource. Doch um diese Transformation genauer zu erfassen, um nicht bei Allgemeinheiten zu verbleiben, bedarf es im Voraus ungeheuer viel Arbeit, folglich eine Infrastruktur der Forschung in Marschordnung und gut ausgerüstet. Wie geschliffen scharf der Pflug auch sein mag, es ist ratsamer, ihn *hinter* dem Ochsen anzuspannen – auch wenn dieser schweren Schritts dahintrottet.

55 – Die offensichtlich philosophischen Debatten über die jeweilige Metaphysik von Erde und Lebewesen dürfen nicht unter dem Vorwand vernachlässigt werden, sie seien »zu intellektuell« oder »Haarspalterei«. Von unseren Vorgängern wurde jeder Begriff, den sie zu ihrer Aneignung des Staats benötigten, in winzig kleine Portionen zerschnitten. Man stelle sich einmal vor, wie viel Arbeit erforderlich war, um dieses sonderbare Monstrum, »das egoistische und berechnende Individuum« oder »den Staatsbürger einer repräsentativen Regierung« zu erfinden und am Leben zu erhalten! Wer ermisst die zwei Jahrhunderte, die es brauchte, um »die soziale Frage«, die der »Gesellschaft«, des »Proletariats« oder der »Wertarbeit« zu erfinden? Und dann will man, unvorbereitet, mittellos, übungslos, wie man ist, die Aufmerksamkeit von Milliarden von Menschen auf die Bewohnbarkeitsbedingungen des Planeten lenken. Als ob die unleugbare Wichtigkeit der Lebewesen von sich aus genügte, sie zu bekehren; als ob es ausreichte, ihnen das unabdingbare Urteilsvermögen zu vermitteln, um diese diplomatischen Schlachten von entwaffnender Komplexität zu führen! Die Gefahr besteht, dass sie in einer Sturzflut hehrer Gefühle ertrinken, ohne irgendeinen politischen Hebel daraus ziehen zu können.

56 – Und doch ist an einem Thema der Wandel der Sensibilität sichtbar und beinahe universell geworden: dem Verständnis der Lebewesen und der neuen Wahrnehmung des Biologischen. In diesem Punkt ist man deutlich dabei, die Ästhetik zu verändern. Es ist wichtig, dass die Klassenkonflikte im Sinne Norbert Elias' zunächst mit Veränderungen im *Verhalten* – Geschmacks- und Ekelempfindungen – beginnen, lange bevor sie sich zu Interessenkonflikten verdichten. Noch vor zehn Jahren galt das Biologische als eins mit der »Biologie«, dem von der Wissenschaft erforschten Naturbereich. Diesem Bereich musste man sich um jeden Preis entziehen, wollte man sich an Werte, an das Symbolische, Humane, Geistige usw. binden. Heutzutage lässt es sich kein Buch, keine Zeitschrift, kein Festival entgehen, von »Lebewesen« zu sprechen. Doch das sind nicht mehr dieselben Lebewesen wie einst. Man will sich mit ihnen verbinden, ihre Wege und Umwege aktiv nachvollziehen und von ihnen lernen, woraus die Welt gewoben ist. Mit geradezu sehnsüchtigem Verlangen setzt man sich mit denselben Darmbakterien auseinander, die früher verachtet wurden. Von all den Lebewesen will man wieder die Werte, die Symbolik, das Humane, das Geistige lernen, die man einst *abseits* der Biologie schlecht platziert hatte. Eine Veränderung von Ton, Stil, Haltung, Wandel der Sensibilität, die Donna Haraway schon seit Längerem versucht hat und die viele weitere Autorinnen und Autoren seitdem fortgesetzt haben. Von nun an reichen die Lebewesen weit über den engen Bereich der Biologie hinaus. Ein ermutigendes Symptom für den Wandel der Welt. Es wird der ökologischen Klasse ermöglichen, von simplen Debatten etwa über den Fleischkonsum überzugehen zu wirklichen Klassenkonflikten.

IX. Die Macht erobern, aber welche?

57 – Wie die gesamte Geschichte der sozialen Bewegungen belegt, dauert es lange, bis die Verhaltensweisen, Werte, Kulturen an die Logik der Interessen zumindest annähernd angepasst, danach Freunde und Feinde ausgemacht sind; dann das berühmte »Klassenbewusstsein« entwickelt und am Ende ein politisches Angebot entworfen ist, das es den Klassen ermöglicht, ihre Konflikte in institutionalisierter Form zum Ausdruck zu bringen. Folglich geht der Kampf um die Ideen dem Prozess des Wählens zwangsläufig weit voraus. Man unterliegt einem Trugschluss, wenn man meint, man könnte sich in Wahlen stürzen und dabei die enorme Vorbereitungsarbeit vernachlässigen, durch die sich allein potenzielle Verbündete und Gegner unterscheiden lassen. Wird auf dergleichen Anstrengungen verzichtet, werden sich die einstellenden Wahlerfolge zwar als Lehrstunden und Propagandamaterial auszahlen, aber sich nicht so oft wiederholen lassen. Die Frage lautet jedenfalls: Was nützt es, den Staat zu besetzen, wenn hinter einem Klassen stehen, die unzureichend *vorbereitet* und *motiviert* sind, die *Opfer zu akzeptieren*, die ihnen die im Kampf mit dem Regime der Produktion stehende neue Macht wird auferlegen müssen?

58 – Es mag absurd erscheinen, wenn man Aktivistinnen und Aktivisten, die das System verlassen, mit dem Staat gebrochen und es vermieden haben, an Institutionen zu appellieren, dazu auffordert, urplötzlich in Marschordnung anzutreten und die Hegemonie im Sinne Gramscis zu erobern. Von all denjenigen, die weiterhin im Rhythmus der Produktion marschieren, wurden sie gewarnt, dass sie sich damit »marginalisieren« würden. Und tatsächlich haben nicht wenige der so Apostrophierten von sich aus geltend gemacht, »marginal«, »randständig« zu sein. Doch auf dem Weg hat sich plötzlich etwas Seltsames ereignet: Die scheinbar an den Rändern, abseits sich vollziehenden Kämpfe sind für das Überleben aller *zentral* geworden. Eine erstaunliche Wende, die jeden einstmaligen Marginalen zum Träger eines Kampfes erhebt, den er wird führen müssen, allerdings *in großem Maßstab* und mit vielen anderen. Hier erwächst ein Problem der Orientierung, das mit einer Veränderung der Affekte einhergeht. Wie soll man es anstellen, dass die Ränder – die einstige Peripherie, die Welt, von der man lebt – in den Mittelpunkt aller Aufmerksamkeit rücken? Wie sollen die an die *Marginalität* geknüpften Gefühle neu bezeichnet werden, wenn man sie mit dem Streben nach Macht verbindet?

59 – Die ökologische Klasse stößt bei ihrer Erweiterung auf ein in der sozialen Geschichte ungewohntes Problem: Sie ist zwei Fronten zugewandt, die in völligem Gegensatz zueinander stehen. Auf der einen Seite muss sie den Willen aufbringen, die Macht von jenen Klassen zu erobern, die sie heute noch innehaben, aber gescheitert sind. Auf der anderen muss sie den Willen aufbringen, die Machtorganisation vollständig zu verändern. Natürlich sieht jede neue Klasse die Zerschlagung der administrativen Organisation der vorhergehenden Klasse vor, da sie in ihren Augen zu abträglich ist für ihre Interessen. Doch bislang ging es am Ende immer nur darum, die produktiven Kräfte anders zu verteilen, zu erweitern, neu zu organisieren oder, seltener, die Güter gerechter zu verteilen. Mochten die Leninisten auch das »Absterben des Staates« erhoffen, sie bauten doch gleichzeitig auf das unausweichliche Anwachsen der Produktivkräfte; eine wirkliche Spannung bestand da nicht. Wie lässt sich die Organisation einer Macht denken, die sich *gegen* die Produktion stellte, folglich eine Kehrtwendung vollziehen und sich in Richtung ihrer alten Ränder zubewegen würde?

60 – Die früheren führenden Klassen konnten nur auf einen einzigen Horizont verweisen – der zudem immer weiter hinausgeschoben wurde. Sobald beansprucht wird, die Welt, in der man lebt, mit der zusammenzubringen, von der man lebt, müssen wir *zwei* Horizonte bestimmen, die einander bekämpfen. Es wäre praktisch, verfügte man zumindest über ein *Bild* dieses Zweifrontenkampfs. Stellen wir uns also einen mit feinen Strichen gezeichneten Kreis vor. Zu Beginn scheint die Breite des Rands nicht wichtig zu sein, gilt als feststehende Sache, eine punktierte Linie. Die Aufmerksamkeit richtet sich auf das Zentrum, die endlose Produktion. Dann wird die Randlinie immer dünner und droht zu verschwinden. Daraufhin drehen sich »Marginale« um und bewegen sich hin zum Rand, gefolgt von einer immer größeren Schar. Was Ressource war und *extrahiert* werden musste, wird zum Gegenstand höchster Sorge, so dass der Rand zum *Zentrum* aller Aufmerksamkeit gerät. Der Rand wird immer dichter, breiter, schlingt sich umeinander, wird voller, bevölkert sich, so dass er das Zentrum, das alte Zentrum, das ihn zu ersticken drohte, seinerseits zu ersticken, zu erwürgen droht. Das sind die beiden Horizonte, die beiden historischen Optionen, deren jede die andere bedroht. Entweder ihr bewegt euch weiter in Richtung Zentrum, aber dagegen opponiert der Rand; oder ihr unternehmt alles, um den Rand zu erweitern und komplexer zu gestalten, aber dagegen opponiert das Zentrum.

61 – Das Streben nach Macht wird noch dadurch erschwert, dass die ökologische Klasse, sobald sie versucht, die Welt, von der man lebt, mit der zur Deckung zu bringen, in der man lebt, zu jedem Thema eine ganze Reihe neuer Fragen eröffnet: zur Geopolitik, zum Handel und zum internationalen Recht ebenso wie zu den Grenzen und der den Nationalstaaten eigenen Art, den Boden zu besetzen. Es ist hinreichend belegt, dass der gegenwärtige Staat entworfen worden war, um den herrschenden Klassen zu ermöglichen, ihr Monopol auszuüben und im Weiteren die Modernisierung, dann die Globalisierung voranzutreiben. Für die Bedürfnisse der neuen ökologischen Klasse ist nichts Analoges entwickelt. Diese fehlende Angepasstheit wird in der Ausbildung ihres Personals, im politischen Angebot, das ihr erlaubt, die Aufgaben der Regierenden zu bestimmen, wie auch in ihrer Einschreibung in das Territorium offensichtlich. Darüber hinaus deckt sich das neue Verhältnis, das durch die Berücksichtigung der Welt, von der man lebt, *in der Logik* der Welt, in der man lebt, erforderlich wird, *nicht* mit der Unterscheidung und der Verbindung von Innen und Außen, die traditionell das *Monopol* der Staatsmacht in den Nationalstaaten (Polizei, Steuern, Armee) sowie die Bedeutung von »hoheitlich« bzw. »herrschaftlich« definieren. Im Gegenteil, der Nationalstaat *erlaubt* geradezu die radikale Trennung der beiden Welten, die doch gerade vermindert werden müsste. Da die Rolle des Staates, die die ökologische Klasse umzusetzen sucht, eine andere ist, muss auch die Definition des Monopols, das er repräsentiert, wie auch die Aufteilung zwischen »Außenpolitik« und »nationaler Politik« eine andere sein.

62 – Da die Nationalstaaten sich durch Rasterung und Pflasterung in einer Form Zugriff auf den Planeten verschafft haben, die in diametralem Gegensatz steht zu der Möglichkeit, die beiden Welten wieder zusammenzuführen, muss die ökologische Klasse die Kontroversen über das *Planetarische* selbst und auf einmal auch über die Funktion des Staates wieder zur Sprache bringen. Und dies umso dringlicher, als der Zerfall der auf Entwicklung und Globalisierung fußenden »internationalen Ordnung« sich vor unseren Augen beschleunigt, und ohne dass eine Wiederaufnahme der alten »supranationalen« oder »zwischenstaatlichen« Beziehungen vorstellbar wäre. Auch wenn sie im Augenblick noch durch das politische Angebot marginalisiert ist, wird die ökologische Klasse durch derartige Fragen zur Erneuerung der internationalen Ordnung und der Neuverteilung der »Landnahmen« die Legitimation gewinnen, den einen oder vielmehr den *mehrfachen* Sinn der Geschichte zu definieren. Doch stellt sie, wie Liberalismus und Sozialismus, wenn auch in einem ganz anderen Sinn, die Frage nach der *Universalität* neu und erforscht, wie man vielfältige Formen der Macht voneinander *abhängig machen* kann. Da sie definitionsgemäß auf der *Überlagerung* der sich überschneidenden Territorien gründet und zwischen zwei Richtungen steckt, die sich wechselseitig zerstören können, kann sie keine der klassischen Barrieren respektieren, die durch das flächendeckende Netz der Kontrollinstanzen als Hinterlassenschaft der modernen Staaten aufgezwungen werden. Statt einem Schachbrett ähnelt der Raum, den zu repräsentieren sie sich zur Aufgabe gemacht hat, eher einem geflickten Harlekinsmantel.

63 – Selbst wenn die Form dieses Machtmonopols nicht der politischen Tradition entspricht, muss die ökologische Klasse sich doch auch an der *Eroberung* dieses zu erneuernden Monopols orientieren, will sie sich nicht zur Ohnmacht verurteilen. Für sie sind alle Themen *geopolitischer* Natur, und jedes Thema erfordert die Neuverteilung der Landnahmen durch die Staaten. Daraus erklärt sich die besondere Schwierigkeit, auf die sie beim Streben nach Macht stößt. Und dies, während sie zugleich ihren Umfang verändert, damit der Staatsapparat, den sie besetzen will, seine Funktionen, seine Handlungsweise wie auch die Form der Territorien, über die er seine Staatsgewalt ausüben wird, anders definiert. Mit anderen Worten: Die ökologische Klasse kann nicht den Anspruch erheben, die Politik zu definieren, und dabei gleichzeitig weiter ihre Marginalität offen zur Schau tragen oder den Institutionen und der Funktionsweise der heutigen Staaten gegenüber Gleichgültigkeit mimen. Sie muss sie auf allen Ebenen und in allen ihren Funktionen besetzen.

64 – Nicht nur die Beziehungen zwischen Innen und Außen sind erschüttert, auch der Gebrauch der klassischen Metrik, die den Übergang vom Lokalen zum Globalen ermöglicht, ist völlig bedeutungslos geworden. Dieses kartografische Modell entstand mit der Produktion und entwickelt sich in deren Sinn. Dieser äußerst gefährliche Maßstabswechsel wird von den Bedürfnissen der Produktion aufgezwungen, die alle Beziehungen entsprechend der fatalen Frage strukturiert: »Is it scalable?« Die Erzeugungspraktiken jedoch sind anders gepolt: Sie erfordern so viele Messinstrumente, wie es Situationen gibt. Damit wird der Kampf gegen die von der Anthropologin Anna Tsing so genannte »Skalierbarkeit« zentral. Die Ökologie ist weder lokal noch global, sondern auf allen Stufen und Ebenen. Ihre Messinstrumente variieren je nach Untersuchungsobjekt und dem jeweiligen einzelnen Streitthema. Sie darf sich nicht mehr durch den Lokalismus oder, umgekehrt, den brutalen Zwang lähmen lassen, »den Allgemeinheitsgrad zu erhöhen«, getreu der überkommenen Art, Gesellschaft oder Natur »als ein Ganzes« zu denken. Sie muss ihre eigenen Arten und Weisen entwickeln, Kollektive zu *bilden* und »Totalitäten« zu gestalten. Eine Lektion, an die uns das Virus tagtäglich erinnert!

65 – Glücklicherweise gibt es Europa. In diesem weiträumigen »Dings« steckt, trotz aller Mängel seiner Bürokratie, wenn keine Quelle von Hoffnung, so doch ein Experiment im Hinblick auf alle neuen geopolitischen Konflikte, in die die ökologische Klasse verstrickt ist. Es ist ein enormer Vorteil, auf diese Macht zählen zu können, die nacheinander das Supra-, dann das Internationale versucht hat und die dennoch nicht das Nationale ist. Eine zaudernde Macht, die noch nicht einmal einen *Ort* besitzt – es sei denn, man wollte ein Verwaltungszentrum in Brüssel als Hauptstadt eines Reichs gelten lassen! Das vereinte Europa ist gerade herrlich uneinig, aber doch schon weit entfernt von einem Staat alten Schlags, um Stück für Stück die Bestandteile neu zu verteilen, die durch die neuen Machtformen anders zusammengestellt werden müssen. Landwirtschaft, Wasser, Schadstoffe, Lobbys, Straßenbau, Zugverkehr: Alles läuft über Europa, aber jedes Mal müssen die jeweils in tausend Stücke zerschnittenen Themen derart verhandelt, diskutiert, vermischt, verschmolzen werden, dass kein Einzelstaat sie als die *seinen* deklarieren kann. Auf einmal gibt es nichts mehr, das wirklich eine auswärtige, und nichts, das wirklich eine nationale Angelegenheit wäre. Das vereinte Europa bietet ihr das Beispiel eines wahrhaft grandiosen Experiments, bei dem die Neuverteilung von Innen und Außen der Staaten die ökologische Klasse auf ihre Rolle einer künftigen Schlüsselklasse vorbereitet, die in der Lage ist, die anderen Klassen hinter sich zu vereinen. Zuweilen wird der Ökologie und dem vereinten Europa mit demselben Misstrauen begegnet, aber der Grund dafür ist, dass diese beiden *viel vernünftiger* sind als diejenigen, die behaupten, es besser zu machen als sie. Voraussetzung ist allerdings, dass sie diese höhere Rationalität auch selbst mit Stolz beanspruchen.

X. Von unten die Leere des öffentlichen Raums füllen

66 – Leider sucht die ökologische Klasse zu einem Zeitpunkt sich ihrer selbst bewusst zu werden, zu dem das politische Leben seinen Tiefpunkt erreicht hat. Die alten Parteien lösen sich auf, der Staat wird stetig ausgeplündert, und vor allem ist das *Politische* selbst im Verschwinden begriffen, dieses komplexe Gemisch aus Haltungen, Gewohnheiten, Affekten, Analysen, diese im Laufe der Jahre erworbene sonderbare Art, sich einzumischen, sich abzunutzen, sich aneinander zu reiben. Gerade jetzt, da wir einen massiven Zustrom politischer Energie benötigen, fehlt diese, weil sie nicht gepflegt wurde. Es sei denn, zwischen den beiden Phänomenen bestünde ein Zusammenhang: Die Politik wurde dadurch entleert, dass das Neue Klimaregime zwar immer stärker auf allen Interessenanalysen, allen Klassenbeziehungen, allen Emotionen lastet, aber nichts getan wurde, dessen gewaltige Auswirkungen zu metabolisieren. Daher rührt die grauenvolle Leere des öffentlichen Raums. Sie zu füllen ist der Ehrgeiz der ökologischen Klasse.

67 – Voraussetzung ist allerdings, dass sie dies *von unten* angeht, das heißt anhand der *Beschreibung* der materiellen Welt, in der sich die Bewohnerinnen und Bewohner vorfinden, vertrieben aus ihrer einstigen Kosmologie in eine andere, die zu erforschen sie noch nicht gelernt haben. In diesem Sinne nimmt die ökologische Klasse die *materialistische* Tradition wieder auf. Gehen wir die ganze Kette also vom anderen Ende aus durch: Damit man wählen kann, braucht es *Parteien*; damit es Parteien gibt, müssen die *Beschwerden* zusammengetragen und in einer Art Programm wirkungsvoll aufbereitet und festgehalten werden; damit es Beschwerden gibt, muss jeder seine *Interessen* bestimmen können, die ihm erlauben, die Frontlinie zwischen den potenziellen Verbündeten und den Gegnern zu ziehen. Aber wie können wir Interessen haben, wenn wir gar nicht in der Lage sind, so detailliert wie möglich die konkreten Situationen zu beschreiben, in denen wir stecken? Wenn wir schon nicht wissen, *wovon wir abhängen*, wie könnten wir dann wissen, was wir *verteidigen* sollen? Genau dieser erste Schritt fehlt aufgrund der Schnelligkeit und vor allem des Ausmaßes des sich vollziehenden grundlegenden Wandels. Auf einmal folgt der Rest nicht mehr. Also muss man bei diesen Wurzeln anfangen – bei den *grassroots.*

68 – Da ein gemeinsam geteiltes, belegbares und vorweisbares Empfinden ihrer Interessen, Konflikte und Verflechtungen fehlt, bleibt den Beteiligten, die als »Staatsbürger« man nicht mehr zu bezeichnen wagt, nichts anderes mehr, als sich in die trübsten Leidenschaften zu stürzen: *Kla-*

gen und Proteste. Das Entmutigendste daran ist, dass diese Klagen sich an eine mysteriöse Entität richten, die angeblich in der Lage ist, die Klagenden zu befriedigen. Leider ist dieser mythische Agent allerdings der alte Staat, der für die einstigen führenden Klassen entworfen worden war und jetzt nur mehr ein *Phantom* ist. Die einen, unten, wissen nicht mehr, wie sie ihre Beschwerden artikulieren können, da ihnen die Kenntnis darüber fehlt, wo sie sich überhaupt befinden und wer ihre Feinde sind. Die anderen, oben, sind außerstande, dem zuzuhören, was sie gefragt werden, und antworten weiter mit den stumpf gewordenen Instrumenten des einstmals die Moderne vorantreibenden Staates. Stumme sprechen zu Tauben. Und natürlich verschlechtert sich die Lage bei jedem Zyklus, werden die Stummen immer wütender darüber, dass man sie nicht hört, die Tauben, dass man ihre Lösungen nicht in angemessener Weise aufnimmt. Von daher der Eindruck, dass sich im öffentlichen Raum eine unerträgliche Brutalität breitgemacht hat. Man mag noch so sehr die sozialen Medien anklagen, über den Anstieg der um sich greifenden »Unzivilisiertheit« jammern, die Krise geht viel tiefer: Es gab einen Staat des Wiederaufbaus, einen Staat der Modernisierung, einen (stark gebeutelten) Staat der Globalisierung, aber es gibt *keinen Staat der Ökologisierung*. Keine Beamtin, kein Abgeordneter vermag anzugeben, wie der Wechsel von *Wachstum* – und dessen damit einhergehenden Elendsformen – zur *Prospe-*

rität – und den damit verbundenen Opfern – gelingen kann.

69 – Die bisher durch die Vorherrschaft der Ökonomie eingeschränkte Definition der Interessen kann durch die sich vollziehende kosmologische Verschiebung aufgebrochen werden. Ändert die Definition des Territoriums, seiner Komponenten, seiner symbiotischen Verbundenen, dessen, was die Erzeugungspraktiken ermöglicht, und ihr ändert damit sowohl die Definition der Interessen als auch die Form des Bodens, den ihr bewohnt. Euer Territorium ist das, *wovon ihr abhängt*, so weit ihr gehen müsst, um zu spüren, was euch hält. Deshalb muss unbedingt eine intensive *Beschreibung* der erlebten Situationen erfolgen, bevor eine Klasse auftreten kann, die sich selbst die Fähigkeit zuerkennt, den Sinn der Geschichte zu bestimmen. Die Beschreibung der Lebensbedingungen ist zunächst eine *Selbstbeschreibung*, die die Schieflage aufdeckt zwischen der Welt, in der wir leben, und der Welt, von der wir leben. Und die folglich neu zeichnet, wer ihr seid, wo, auf welchem Territorium, in welcher Epoche und in Richtung welchen Horizonts zu wirken ihr euch vorbereitet.

70 – Beschreiben, das heißt nicht nur, sich von außen, objektiv zu betrachten, das heißt auch, sich zu orten und sich mit und gegen die anderen zu orientieren, die im Begriff sind, *dieselben* Prüfungen der Selbstbeschreibung vorzunehmen. Diese geteilten Beschreibungen verändern folglich tiefgreifend die Positionen eines jeden und die mit dem kosmologischen grundlegenden Wandel verbundenen politischen Affekte. Erst wenn die Interdependenzbeziehungen mit den Erzeugungspraktiken zugenommen haben, beginnt man die zahlreichen Trennlinien wahrzunehmen zwischen Weitermachen mit der Produktion und dem Bemühen, die Bewohnbarkeitsbedingungen und die daraus folgende Prosperität zu erhalten. In diesem Sinne gehen die Übungen der Selbstbeschreibung einher mit der *Verwandlung* der politischen Situation, die von der Produktion in die Wahrung der Bewohnbarkeit umkippt, indem sie den Horizont *erweitert*, in dem Geschichte sich vollzieht – und folglich die relative Rationalität der Akteurinnen und Akteure. Je eingehender sie sich beschreiben, umso artikulierter sind ihre Beschwerden und umso hörbarer werden sie für die anderen. Mit diesen kollektiven Beschreibungen ist es ein wenig wie mit den Betonbrocken, die man ins Wasser senkt, damit die Schalentiere, Algen, Korallen und Fische sich vermehren können. Das Politische kommt zurück. Damit verkleinert sich die Kluft zwischen Stummen und Tauben. Das kann sehr schnell geschehen.

71 – Leider wurden auch noch die Universität verwüstet, das Forschungssystem geopfert, die Ausbildung in ihrer Bedeutung herabgesetzt, und das, obwohl neue Untersuchungsmethoden zu all diesen Themen so dringend benötigt werden.

Dabei braucht die ökologische Klasse dringend ein dieser Wende angepasstes Forschungssystem. Die Universität bleibt die Humboldt'sche, eine Karikatur der Modernisierungsbewegung, mit einem vorgeschobenen Posten, der Avantgarde der »Grundlagenforschung«, die angeblich bis zum guten Volk *durchsickert* – wie die Profite. Die Anforderungen der Epoche sind dem genau entgegengesetzt: In Anbetracht des erdrückenden Nichtwissens von uns allen darüber, was es bedeutet, eine Erde zu bewohnen, die auf unser Handeln reagiert, braucht es *noch* mehr *noch* grundlegendere Forschung. Doch diese Forschung muss all denen *unterstützend beistehen*, denen bei der Erkundung ihrer neuen Lebensbedingungen geholfen werden muss. Statt dem Modell des Durchsickerns zu folgen, muss vielmehr ein Kurzschluss herbeigeführt werden zwischen den härtesten Anforderungen der Grundlagenforschung und den geringfügigsten Situationen, in denen diese Forschung *auf die Probe gestellt wird.* Wie für alles andere gilt die Umkehrung des Entwicklungsschemas auch für die Forschung in den Geistes-, Natur- und Hybridwissenschaften. Die heikle Kunst der *Wissenschaftspolitik* wird gewöhnlich bei den Ökologisten nicht diskutiert; dabei ist sie von ausschlaggebender Bedeutung.

72 – Wie der Philosoph John Dewey lehrt, »ist der Staat immer wieder neu zu erfinden«, allerdings bedarf es dazu stets eines *Volks*, eines *Publikums*, das ihm vorausgeht, ihn aufklärt und leitet. Er ist nur dessen provisorischer und leicht verführbarer Delegierter. Die ökologische Klasse muss bereit sein, dieses Volk zu repräsentieren, wenn sie ihre Rolle als Schlüsselklasse spielen will. Bislang waren die anderen Klassen aufgefordert, den führenden Klassen auf dem Weg der Modernisierung zu *folgen*, an deren Wohltaten beziehungsweise Krümeln sie angeblich partizipierten. Die entscheidende Frage ist, inwieweit die Interessen dieser Klassen mit denen der ökologischen Klasse in Resonanz treten können. Bislang ist es dieser noch nicht gelungen, ihren Kampf gegen die Produktion an den *aktuellen* Sorgen, Wünschen, Gewohnheiten, Interessen der anderen Klassen auszurichten. Dabei ist deren Unterstützung unerlässlich, um die riesigen Opfer auf sich zu nehmen, die unabdingbar sind, um das Regime zu ändern. Wenn ihr das Leben in der Pandemie schon schwierig findet, dann malt euch nur einmal eine Situation aus, in der die Maßnahmen im Hinblick auf Themen, die einem wie die Gesundheit am Herzen liegen, um ein Vielfaches dringender sind. Und das ohne einen halbwegs legitimen Staat, der sie vorschlagen – oder gar oktroyieren – könnte.

73 – Auch wenn es nicht so aussieht, sucht die ökologische Klasse sich gegen die von den alten führenden Klassen durchgesetzte Hierarchie zu sperren. Für diese gab es die Avantgarde und die Arrièregarde. Die Entwicklungsfortschritte boten angeblich eine Zuordnung, die akzeptabel für alle sein sollte, die aufgerufen waren, sich unisono in dieselbe Richtung zu entwickeln. Doch der neue Klassenkampf hat diese Ordnung zerbrochen. In Richtung *Einwicklung* zu gehen erfordert eine ganz andere Karte als *Entwicklung*. Die ökologische Klasse bestimmt die alte Arrièregarde auf gänzlich andere Weise: Die Gesellschaft hat, um nochmals auf Polanyi zurückzugreifen, immer schon *Widerstand geleistet* gegen die Ökonomisierung. Und die »einfachen Leute« (*classes populaires*) haben immer schon als Erste zum Widerstand gegriffen. Sie sind es, die mit voller Wucht die Folgen des Zerstörungssystems zu erleiden haben. Die ökologische Klasse ist alles andere als eine Angelegenheit »gut ausgebildeter Wohlstandsbürger«. Sie knüpft einfach nur an die uralte Kultur des Widerstands gegen den Widersinn der Ökonomisierung an, die die anthropologischen Verbindungen zerstören will. In der alten Arrièregarde erkennt sie diejenigen, die *stärker* als die ehemaligen führenden Klassen *bereit* und willens sind, die Fragen der Bewohnbarkeit zu lösen; außerdem steht sie den alten Rändern sehr *viel näher*. Dieses Umschwenken lässt die ökologische Klasse *real* und nicht nur potenziell zur Mehrheit werden. Die Ökologisten ziehen nicht die anderen Klassen *zu sich* heran, im Gegenteil, sie schließen sich diesen endlich an.

74 – An diesem entscheidenden Punkt spielen sich die Konflikte ab: der erste Konflikt zwischen den auf alte Weise definierten Klassen und der zweite, *sekundäre*, zwischen den traditionellen Klassen und der Umverteilung der Klassifizierungen, die die politische Ökologie bei ihrer Suche nach Verbündeten vornimmt. Menschen, die aus der Perspektive ihrer Klassenzugehörigkeit alles unterscheidet, finden sich Seite an Seite wieder mit ihren »Klassenfeinden«, sobald ökologische Themen einbrechen. Umgekehrt verwandeln sich Nahestehende in erbitterte Gegner. Derartige Wechsel der Zugehörigkeit können sich aber ohne politische Arbeit nicht vollziehen, mit der es möglich wird, sich aneinander zu reiben und Verfahren, Standorte, Stätten, Gelegenheiten zu schaffen, damit es der Neubeschreibung gelingt, von der konventionellen Sichtweise der sozialen Welt zu einer besser gegliederten und realistischeren Sicht überzuwechseln. Dazu bedarf es nicht sehr viel Zeit, vorausgesetzt, es wird ein geeignetes Verfahren gefunden, um die Kartografie der Verbündeten und der Gegner vollständig zu transformieren. Ob derartige Verfahren gefunden werden oder nicht, entscheidet am Ende über Erfolg oder Scheitern der laufenden Umverteilung zugunsten der ökologischen Klasse und ihrer Rolle als Schlüsselklasse.

75 – Das Auftauchen dieser ökologischen Klasse können wir in einem dichten Nebel nur erahnen. Deswegen ist es sinnvoll, nach Parallelen zu suchen, sei es, dass die Geschichte der sozialen und kulturellen Klassen nachvollzogen wird, sei es, dass aus dem Prozess der Zivilisation geschöpft und die Kämpfe der ökologischen Klasse um die Definition der Politik mit denjenigen verglichen wird, als die bürgerliche Klasse als Trägerin der modernen Vernunft in Erscheinung trat. Selbstverständlich wird sich alles auf ganz andere Weise ereignen. Deshalb muss man bereit sein, jede unerwartete Gelegenheit beim Schopfe zu packen.

76 – Wenn man gezwungen wird, all die Punkte aufzulisten, die gemeinsam bearbeitet werden müssen, damit das berühmte »Klassenbewusstsein« eintritt, könnte man den entmutigenden Schluss ziehen, dass derart viel und in Bezug auf so viele Themen zu verändern sei, dass die ökologische Klasse nicht die geringste Chance haben dürfte, sich jemals mit den aktuellen führenden Klassen zu messen. Zumal ihr die Zeit fehlt. Doch sind andererseits vermutlich die Würfel bereits gefallen, da die Menschen in ihrem tiefsten Innern begriffen haben, dass sie die Welt gewechselt haben und eine andere Erde bewohnen. Wie der Historiker Paul Veyne hervorhob, sind die großen Umwälzungen zuweilen so einfach, wie wenn ein Schlafender sich in seinem Bett umdreht …

Nachwort
Wird Ökologie je gängige Politik?

Es gibt Zeiten, in denen die Versuchung groß ist, sich der Verzweiflung hinzugeben. Das gilt sicher für viele von uns heute, wenn wir sehen, dass Menschen, die sich vor den tragischen Verwerfungen der Klimaveränderung zu retten versuchen, gegenwärtig auch noch die traumatische Erfahrung eines europäischen Eroberungs- und Vernichtungskriegs machen müssen.

Für uns als Autoren des obigen Textes kommt ein schmerzlicher Umstand hinzu: Nie schien die Idee einer stolzen, sich ihrer selbst bewussten ökologischen Klasse so fern! Besonders in Frankreich, wo wenige Monate nach Erscheinen unseres Buches die Grünen bei den Parlamentswahlen noch nicht einmal die Fünfprozenthürde erreichten, womit ihnen vom Staat immerhin die *Kosten* für ihren Wahlkampf erstattet worden wären. Sie sprechen von Stolz? Scham passt besser! Scham über die Unfähigkeit, wirksam auf das tyrannische Vorgehen eines russischen Despoten zu reagieren, und Scham auch darüber, der Aufgabe nicht gewachsen zu sein, die nötigen Energien zum Kampf um das Klima aufzubringen, den ein ganzer Haufen weiterer Despoten bereits führt.

Was Europäerinnen und Europäer seit einigen

Monaten am meisten schreckt, ist die Erkenntnis, dass sie sehr wahrscheinlich am Ende einer Periode gelebt haben, die von nun an als neue »Zwischenkriegszeit« in die Annalen eingehen wird. Ältere Generationen mussten 1940 zu ihrem großen Entsetzen erkennen, dass sich eine Zwischenkriegszeit dramatisch geschlossen hatte. Analog erkennen wir 2022 mit nicht weniger Entsetzen, dass die Periode, die 1945 begann, jetzt zu einem Abschluss kommt. Ende der Parenthese.

Der Grund dafür, dass wir bei unserer vorsichtigen Suche nach einer »ökologischen Klasse« nicht völlig falschlagen, ist, dass ein ganzes Bündel ökologischer Konflikte jetzt in dem sonderbaren Krieg, der diese neue Parenthese schließt, enthalten ist.

So wie das Coronavirus in wenigen Wochen ein neues Verständnis von den vielen Mikroben beförderte, mit denen wir leben, und vorführte, wie rasch ganze Nationen auf eine neue Bedrohung reagieren konnten, so zwang der Krieg auf europäischem Boden, sich über die materiellen Bedingungen der europäischen Prosperität Gedanken zu machen, und zeigte uns einmal mehr, wie rasch Staaten und Menschen in der Lage waren, mit einer neuen Tragödie umzugehen.

Wenige Tage nach der Invasion in die Ukraine durch Putins mit dem makabren Z tätowierte Panzer wurde jedem klar, dass die Finanzierung des Diktators mit Abermillionen Euros durch den Kauf seines Öls und Gases diesen Krieg noch monströser und absurder erscheinen ließ. Etwas musste getan werden, um die Europäerinnen und Europäer so schnell wie möglich vom Import von russischem Öl und Gas abzubringen. So konnte plötzlich eine Maßnahme, die als *militärische* Entscheidung zur Sicherung der Autonomie und Souveränität Europas begonnen hatte, sich mit einem Mal in eine *ökologische* Entscheidung wenden und endlich eine Abkehr von fossilen Brennstoffen erreichen, wonach Aktivistinnen und Aktivisten jahrelang lauthals verlangt hatten, ohne die europäischen Staaten aus ihrer Selbstgefälligkeit reißen zu können. Um der Ukraine willen musste ein zentrales Element des ökologischen Programms so rasch als möglich verwirklicht werden, das »um des Planeten willen« für unerreichbar gegolten hatte. Die beiden Arten von Krieg, der um das Klima und der um eine freie europäische Nation, mussten teilweise verschmelzen.

Bis zum heutigen Tag haben wir keinen Beleg dafür, dass schnell etwas geschieht, um Russland noch vor Ende des Kriegs den Ölgeldhahn zuzudrehen, zumal wenn jetzt überall angesichts der Panik der nach Energie japsenden Nationen die Aufforderung laut wird: »Drill Baby drill.« Doch was das Spiel dauerhafter verändert hat, ist die Erkenntnis aller, dass es zwei *Arten* von territorialem Konflikt gibt, denen viele Merkmale gemeinsam sind. Die eine, die von einem Imperium wie Russland unternommen wird, um in ein anderes Land einzudringen, es zu besetzen, zu zerstören und zu vernichten, und die andere, die von industriellen Ländern untereinander und gegen den Rest der Welt durch zahllose Entscheidungen in Bezug auf Energie, Finanzen, Umweltverschmutzung und Handel unternommen wird, um in andere Territorien einzudringen, sie zu besetzen und die Lebensformen, die sie bewohnbar machten, zu zerstören und zu vernichten. Dazu kommt noch, dass in beiden Arten von Krieg die Drohung der Vernichtung einerseits durch neuerliche Rufe nach Atomwaffeneinsatz, andererseits durch unbarmherzige Zerstörung der Biosphäre auf Dauer gestellt wird. Zwei Armageddons auf einmal und dazu noch eine Pandemie: Das ist kaum zu verkraften.

In unserem Memorandum argumentieren wir, dass Umweltschützerinnen und Umweltschützer größte Schwierigkeiten haben, das allgemeine Publikum affektiv auf das einzustellen, was nötig ist, um vom obsessiven Festhalten an der Produktion wegzukommen. Als der Krieg begann, erlebten wir, dass der *erste* Typus territorialen Kriegs weitaus wirksamer Leidenschaften zu mobilisieren vermochte als der *zweite* Typus territorialer Invasion. Staaten und Öffentlichkeit wussten auf Anhieb, wie der Ukraine kollektiv zu helfen war, wie die Grenzen für Flüchtende geöffnet, Waffen geschickt, schnelle Maßnahmen die russische Wirtschaft empfindlich treffen konnten – und hoffentlich wissen wir das noch heute. Nichts dergleichen in den anderen Konflikten: keine raschen Entscheidungen von Seiten der Staaten, keine einhellige Zustimmung, kein Aufruf zu Opferbereitschaft. Im Gegenteil: jahrelang erschreckend langsames, zögerliches, immer wieder unterbrochenes Vorgehen. Der eine Typus mobilisiert die Menschen rasch und intensiv; beim anderen ist Zaudern die Devise.

In einer bestimmten Hinsicht ist das gut. Die Ökologie sollte nicht dieselben Arten von Leidenschaften auslösen wie ein Stellungskrieg, denn was zur Wiederherstellung und Wahrung der Bewohnbarkeit eines Territoriums nötig ist, unterscheidet sich grundlegend von dem, was mit Produktion, Okkupation und Krieg in ihrer schrecklichen klassischen Form einhergeht. Das aber heißt, dass es von zentraler Bedeutung bleibt, die Leidenschaften zu erforschen, zu kultivieren, zu steigern, zu popularisieren, die nötig sind, um die beiden territorialen Konflikte, so ineinander verquickt sie sind, zu bekämpfen, ohne dabei allein dem militärischen Ethos zu verfallen. Worin besteht die affektivste und effektivste Ausrüstung für ökologische »Krieger«?

Wir werden uns über das Ende der Zwischenkriegszeit klar, wenn wir endlich realisieren, dass es keine ökologische Frage gibt, die nicht mit der Beherrschung eines Territoriums durch ein anderes zu tun hat. Oder mit anderen Worten: Ökologische Herausforderungen vertiefen, komplizieren, erweitern und intensivieren eindeutig die klassischsten *geopolitischen* Fragen. Obgleich jetzt nicht mehr von der Hand zu weisen ist, dass es bei Fragen der Ökologie ebenso um Souveränität, Autonomie, internationale Beziehungen, Handel und militärische Strategie wie auch darum geht, pfleglich mit dem Land umzugehen und den Planeten wieder bewohnbar zu machen, so besteht doch bislang keine allgemeine Übereinstimmung darüber, wie diese widersprüchlichen Ziele in einem kohärenten Politikverständnis zu integrieren sind.

Es wäre so tröstlich, wenn wir nicht mehr zwischen Wirtschaft, sozialer Gerechtigkeit, Verteidigung und Krieg und Sorge um die Natur unterscheiden müssten, da Ökologie und Zivilisation *gleichbedeutend* sind. Wir könnten dann auf eine viel ältere Definition von Gemeinwesen zurückgreifen, die, symbolisiert in Ambrogio Lorenzettis *Allegorien der Guten und der Schlechten Regierung*, in Siena ersonnen wurde. Tatsächlich wird in Lorenzettis berühmtem Freskenzyklus nicht künstlich unterschieden zwischen dem, was zum Handel, zur Architektur, zu der Landschaft, der Kunst, der Landwirtschaft oder dem städtischen Leben gehört. In der von der Guten Regierung herbeigeführten Situation des Wohlstands sind alle diese Bereiche miteinander verwoben; wogegen sie alle – Land, Städte, Landschaften und soziale Beziehungen – in dem von der Schlechten Regierung herbeigeführten ruinösen Zustand zerstört werden. Es ist, als habe Lorenzetti in der dystopischen Hälfte seines Diptychons den gegenwärtigen Anblick von Mariupol oder Sjewjerodonezk malerisch wiedergegeben – einschließlich eines Bildes des Gewaltherrschers und seiner Gefolgschaft. Könnten wir doch nur diesen uralten Begriff eines guten Gemeinwesens wieder zurückholen – dann könnten wir sogar auf das Label »Ökologie« verzichten!

Allerdings lässt sich gegenwärtig nicht sagen, dass die ökologische Klasse, je »selbstbewusster und stolzer« sie wird, umso weniger ihre Ziele zu *spezifizieren* braucht, einfach weil damit eine der heikelsten Aufgaben überhaupt verbunden ist: zu gewährleisten, dass die Gewohnheiten der *Guten* Regierung beibehalten werden. Aber leider muss, wie wir in unserem Memorandum argumentiert haben, jedes Element dieser Ausrüstung, dessen es bedarf, um diese unterschiedlichen territorialen Konflikttypen zu behandeln, neu definiert werden: Was ist ein Staat, was ein Territorium, was bedeutet Freiheit, was ist ein Subjekt, was ein Staatsbürger und, am wichtigsten: Welche Klassen sind imstande, all diese Frontlinien auf einmal zu entwerfen? Wenn alle diese Fragen zusammen diskutiert werden sollten, dann deshalb, weil bis zum heutigen Tag die Ökologie tiefgreifend den Inhalt dessen zutiefst beeinflusst, was von der Politik erwartet wird. Am Ende dieser neuen Zwischenkriegszeit bleibt die »politische Ökologie« weiterhin – und nachdrücklicher als zuvor – der Name einer Kriegszone.